Das Buch entspricht bereits der neuen Rechtschreibung.

1. Auflage 1997
CIP-Titelaufnahme der Deutschen Bibliothek

RechtSchreiben mit Lust und Hirn
Autoren: Jutta Kleedorfer, Manfred Pfaffenberger, Brigitte Trinkl
Umschlag: Maria Blazejovsky
Illustrationen: Monika Legenstein
Grafiken zu den Kapiteln 6 und 7: Manfred Pfaffenberger
Lektorat: Dr. Irene Kunze

ISBN 3-7004-3757-9

Jutta Kleedorfer
Manfred Pfaffenberger
Brigitte Trinkl

RechtSchreiben mit Lust und Hirn

hpt

Inhaltsverzeichnis

Vorwort

„Geht es Ihnen gut, oder haben Sie Kinder in der Schule?“

Diese Frage spiegelt das Unbehagen vieler Eltern und Kinder wider: Schule und Lernen sind in einer Zeit, in der alles Spaß machen soll, vielfach negativ besetzt. Doch das eine muss das andere nicht ausschließen: Freude an der schulischen Arbeit und Erfolgserlebnisse nach intensivem Lerntraining sind machbar. Dieses auf den Lernbereich „Schreiben“ abgestimmte Buch möchte nicht nur ein Ratgeber sein, sondern eine echte Hilfe, damit das Schreibenlernen und das Schreiben von Texten leichter gelingt.

Die Bedeutung des Rechtschreibens wird nicht nur in der Gesellschaft diskutiert, sie ist auch Gegenstand fachlicher Auseinandersetzungen.

Viele Sprachwissenschaftler sehen die Rechtschreibung zwar als wesentliche Aufgabe des Sprachunterrichts, betonen aber gleichzeitig, dass sie für die kommunikative Verwendung unseres sekundären Zeichensystems (der geschriebenen Sprache) nicht so ausschlaggebend sei.

Viele Fragen drängen sich auf:

1. Warum muss man überhaupt normgerecht schreiben? Ist es wirklich wichtig, die Regeln der Rechtschreibung zu beherrschen?
2. Was macht die Rechtschreibung so schwierig, so dass ehrlicherweise niemand sie fehlerfrei beherrscht?
3. Warum schafft es die Schule nicht, allen Kindern eine perfekte Rechtschreibung zu vermitteln?

4. Was bringt die Neuregelung der Rechtschreibung an Erleichterungen und wie kann sie umgesetzt werden?
5. Was können Eltern tun, um ihren Kindern zu helfen?

Sicher ist, dass schriftliche Kommunikation – wie immer man den Stellenwert des normgerechten Schreibens auch einschätzen mag – durch die fehlerhafte Anwendung unseres orthografischen Systems erschwert wird.

Es wäre schlimm, würde die Schule die vom Lehrplan geforderte Vermittlung eines rechtschriftlich gesicherten Grundwortschatzes nicht gewissenhaft wahrnehmen, weil unzureichendes Können auf diesem Gebiet die Berufsaussichten vieler Kinder beeinträchtigen könnte.

Sich der Illusion hinzugeben, dass das komplizierte System unserer Rechtschreibung zur Gänze vermittelbar sei, wäre ebenso ein verhängisvoller Fehler wie das Vernachlässigen des normgerechten Schreibens.

Eines sollte jedoch durch die wenigstens annähernde Beherrschung des Rechtschreibens sichergestellt sein: eine klare und unmissverständliche Kommunikation durch geschriebene Sprache, auf die wir im multimedialen Zeitalter mehr denn je angewiesen sind.

Dieses Buch möchte als echte Lern- und Arbeitshilfe verstanden werden, wobei Eltern, Lehrer und Erzieher zielführende Anregungen zur Erarbeitung wie zur Übung bei jedem Abschnitt vorfinden.

Was ist das Besondere daran:

Die Inhalte wurden auf die aktuellen Lehrpläne abgestimmt, vor allem die neue Rechtschreibung wird übersichtlich vorgestellt. Die Struktur ist klar, alles lässt sich ohne langes Herumblättern finden: Themen, Aufgaben, Problemfelder, Lösungen, Übungen und Spielmaterial.

Sonderseiten mit effektiven Lerntipps und alternativen Lernmethoden gibt es auch. Hier wird Interessantes aus den einzelnen Forschungsgebieten erwähnt. Wer neugierig geworden ist, dem helfen Literaturangaben weiter.

„Gewusst – wie" ist das Zauberwort, mit dem vieles anfangs Schwierige leicht wird. Praktiker aus dem Schulbereich und eine Psychologin geben wertvolle Anregungen und erklären, warum manche Schwierigkeiten einfach „vorprogrammiert" sind und was man alles dagegen tun kann. Jedem Kind kann auf seine Weise geholfen werden – das ist das Anliegen der Autoren dieses Buches.

In der Gestaltung ist alles klar, übersichtlich und ruhig. Verzichtet wurde auf Confetti, Firlefanz und Faxen, denn das lenkt vom Lernen ab. Zeichnungen, Grafiken, Übersichten und viele Beispiele veranschaulichen die Inhalte und lockern den Lern- und Arbeitsstoff auf.

Der Lernbereich Schreiben ist so gegliedert, dass dessen einzelne Abschnitte – vom Nachspuren und Abschreiben, vom Verschriften, von der Rechtschreibung bis hin zum Verfassen von eigenen Texten – in leicht nachvollziehbare Schritte gegliedert sind. Es wird in den einzelnen Kapiteln versucht, einen Dialog mit den Schülern zu führen, den Schwierigkeitsgrad der einzelnen Anforderungen zu steigern, Kniffliges zu trainieren und klare Lösungen zu zeigen.

Kinder, die aus irgendwelchen Gründen dem aktuellen Schulstoff nicht folgen können, die mit dem Schreiben in bestimmten Phasen Schwierigkeiten haben, bekommen alles in kleinen Lernschritten nochmals erklärt. Manches lässt sich eben in appetitlich angerichteten „Mini-Portionen" leichter „verdauen". Manchmal hilft es schon, wenn man ein Problem aus einem anderen Blickwinkel sieht, es mit anderen Worten erklärt oder von einem anderen „Lehrer" etwas nochmals gezeigt wird. Ist einmal Bewegung in eine „festgefahrene", „aussichtslose" Sache oder in scheinbar unlösbare Konfliktsituation gekommen, dann findet das Kind von sich einen eigenen Weg zum Verstehen, Begreifen und zur Lust am Schreiben.

Kinder haben ein Recht darauf, nicht nur die Schwierigkeiten im Umgang mit der Sprache zu erfahren, sondern auch deren Möglichkeiten: Sprachlust, nicht Sprachleid.

Dieses Buch ist demnach auch ein „Spielbuch mit der Sprache“: Es zeigt an vielen Beispielen, wie mit Sprache gespielt werden kann, macht Mut, Wörter auf den Kopf zu stellen, und mischt Silben und Laute zu neuem Sinn. Sätze stiften Verwirrung, stellen das Gewohnte in Frage, und zwischen Spaß und Spiel entsteht das Nachdenken über die Zusammenhänge. Sprache hat viele Zwischentöne. Dichter zeigen Kindern, welche Bewegungsfreiheit mit Sprache erreicht werden kann. Es ist wie beim Versteckspiel, und es soll mitgespielt werden.

Aus der lernspychologischen Forschung weiß man, dass Lernleistungen besonders gut gelingen, wenn Lernen in angstfreien, ermutigenden und Erfolg versprechenden Lernsituationen stattfinden kann. Deshalb bietet dieses Buch ausgewählte Lernspiele zur Steigerung der Lernmotivation.

Eine größtmögliche Vielfalt in den Übungsformen, die Anwendung entdeckender Lernverfahren und der spielerische Charakter der angebotenen Spielformen erleichtern die Arbeit.

„Es ist noch kein Meister vom Himmel gefallen“ – diesen Satz veranschaulicht eine kleine Textsammlung, in der anerkannte Autoren über eigene und fremde Schwierigkeiten beim Schreiben erzählen, in der sich viel Lustiges und Spannendes übers Schreiben findet. Alle Texte sind „Entdeckungsreisen“ in die Welt der Sprache.

Übungen mit Lust und Hirn machen zwar nicht gleich aus jedem einen Meisterpoeten, doch einen guten Schreiber allemal.

Jutta Kleedorfer, Manfred Pfaffenberger und Brigitte Trinkl

Jutta Kleedorfer

1. Ein Blick in die Schreibwerkstatt

1.1 Schreiben will gelernt sein

Fast jedes Kind lernt sprechen, auch wenn es nicht besonders dazu erzogen wird. Doch mit dem Schreiben ist es so eine Sache, nichts geht automatisch. Schreiben will gelernt sein. Der Schreibprozess ist sehr umfangreich und verlangt dem Schreiber eine Menge an Fähigkeiten und Fertigkeiten ab. Nicht nur Schulkinder haben Schwierigkeiten mit dem Schreiben, viele Menschen empfinden Schreiben als problematisch und schreiben daher mit viel Angst und Fehlern.

Einige Gründe liegen klar auf der Hand:[1]

1. Schreiben lernt man unter anderen Umständen als sprechen: Sprechen lernt das Kind zu Hause und so nebenbei, wenn es mit Erwachsenen und anderen Kindern spielt, isst, spazieren geht. Sprechen lernen geschieht meist ohne große erzieherische Absichten der Eltern und ohne besondere Anstrengungen des Kindes. Schreiben lernen ist dagegen kein Teil der automatischen geistigen Entwicklung, es muss in der Schule planvoll und mit viel Mühe gelernt werden. Ängstlich beobachten dabei die Eltern, der Lehrer und das Kind, ob auch schnell genug schreiben gelernt wird.

2. Das Schreibenlernen ist auf den ersten Blick viel weniger nützlich als das Sprechenlernen. Beim Sprechenlernen kann das

1 Wolfgang Boettcher (u. a.), Das Buch, das alles über Sprache sagt. Westermann, Braunschweig 1983, S. 238

Kind seine eigenen, winzigen Sprachfähigkeiten von Anfang an verwenden – erste Laute, den Tonfall, einzelne Wörter – zur Verständigung mit anderen: um Essen oder Spielgegenstände zu bekommen, um gestreichelt oder getröstet zu werden, um beachtet und anerkannt zu werden. Diese Mitteilungen funktionieren bestens, und der Erfolg dieser ersten Sprechversuche beflügelt das Sprechenlernen.

Seifenblasen[2]

(Großvater erklärt seinem Enkel, wie man Seifenblasen macht; der sehr kleine Enkel sagt dazu, was er schon sagen kann.)

„Man taucht das Röhrchen in den Seifenschnee."
„Eee?"
„Man bläst, bis die Blase groß wird, schau, das geht so!"
„Oooo!"
„Dann löst sie sich. Da fliegt sie ja!"
„Aaaa!"
„Der Wind rüttelt und schüttelt an ihr, und wie!"
„Iiii!"
„Sie lebt nicht lange und platzt im Nu."
„Uuuhuhuhuhu!"

Beim Schreibenlernen muss das Kind dagegen mit vielen technischen Problemen kämpfen, ohne das Schreiben zur Verständigung gleich nutzen zu können. Je länger diese Durststrecke ist, desto mutloser wird das Kind, desto verzagter und nervöser ehrgeizige Eltern.

2 Hans Manz, Die Kunst zwischen den Zeilen zu lesen. Neues Sprachbuch für Kinder. Beltz, Weinheim und Basel 1978, S. 9

Erfahrung eines Lesen und Schreiben lernenden Kindes[3]

klein – ein kleines Wort
groß – kein bisschen größer

3. Schreiben erfordert viel mehr bewusste Anstrengung als sprechen.

So viel gibt es gleichzeitig zu beachten:

a) Man muss auf die Sprachform achten: auf die Lautgestalt eines Wortes, so wie man es hört, und auf die Buchstabengestalt, so wie man es schreibt.

Iiii!
Igittigit!
Hiiilfe!

Kikeriki!

b) Man muss auf die richtige Zuordnung von Laut- und Buchstabenfolge achten. Leider kann man nicht einfach schreiben, wie man spricht.

3 Hans Manz, Mit Wörtern fliegen. Beltz, Weinheim und Basel 1995, S. 74

c) Man muss auf Rechtschreibung, Silbentrennung und Zeichensetzung achten.

Trennungsübung[4]

Wo
hat denn dieser Vo-
gel mit den blauen Fe-
dern und der roten Keh-
le, der jetzt da vorbei-
fliegt, seine hübschen Ei-
er heimlich hin- und ab-
gelegt? Auf einer Pap-
pel? Nein doch, denn es hand-
delt sich um einen Vogelmann.

d) Das Kind muss schwierige Bewegungsabläufe mit meist kleinen Schreibgeräten und ungelenken Fingern ausführen.

e) Linkshänder haben noch zusätzliche Probleme mit der Rechtsläufigkeit der Schrift, weil sie zusätzlich noch umdenken müssen.

Lichtung[5]

manche meinen
lechts und rinks
kann man nicht velwechsern
werch ein illtum

f) Es gilt, verschiedene Schriftarten zu beachten: Die Druckschrift schaut anders aus als die Schreibschrift, es gibt verbundene und unverbundene Schreibarten, große und kleine Buchstaben und viele Formen.

4 Manz, 1995, S. 75

5 Ernst Jandl, Gesammelte Werke. Luchterhand, Darmstadt 1985

g) Das Kind muss auf Papierformat und Textaufteilung achten, muss auf den Linien bleiben, soll nicht über den Rand schreiben und die Blattaufteilung beachten.

h) Das Kind muss mit dem Tisch, dem Stuhl, dem Lichteinfall, der Körperhaltung zurechtkommen.

1.2 Wer ein guter Schreiber werden will . . .

Schreiben ist eine geistige Leistung, bei der auch Bewegungsabläufe gesteuert werden, nämlich die Bewegung der Muskeln in der schreibenden Hand.

Eine gute Integration der beiden Gehirnhälften ist wichtig. Sie ist hilfreich beim Erlernen der Schrift, da durch sie die beiden Bewegungsrichtungen, im und gegen den Uhrzeigersinn, frei zur Verfügung stehen.[6]

Die Lernpädagogin Brigitte Haberda erklärt es folgendermaßen:

„Jeder Gehirnhälfte ist eine Bewegungsrichtung zugeordnet. Der linken Hemisphäre, d. h. der analytischen, die im Uhrzeigersinn:

Mit der intuitiven, rechten Gehirnhälfte ist die Bewegungsrichtung gegen den Uhrzeigersinn assoziiert:

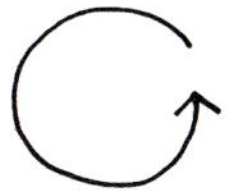

6 Brigitte Haberda, Knack die Nuss beim Lesen und Schreiben, hpt-breitschopf, Wien 1996, S. 72 ff.

Hemmt eine Blockade den Zugriff auf eine der beiden Gehirnhälften, so ist oft eine der beiden Bewegungsrichtungen blockiert.

Beim Schreiben von Girlanden, die sehr oft als Vorübung für die Schrift eingesetzt werden, kann man das beobachten. Liegt eine Blockade vor, gelingen die Girlanden nicht nach beiden Seiten gleich gut.

Dabei ist die freie Verfügbarkeit der beiden Bewegungsrichtungen eine wesentliche Voraussetzung für die Schreibschrift, da die Buchstaben abwechselnd eine Bewegungsrichtung im und gegen den Uhrzeigersinn erfordern.

Aber auch für die Druckschrift ist eine gute Kommunikation zwischen den beiden Gehirnhälften von Bedeutung. Manche Kinder können Kreise nur in eine Richtung flüssig ziehen, sie können diese Kreise auch nur beim Zeichnen in diese Richtung schließen. Dies lässt sich auch beim Schreiben von Ziffern beobachten.

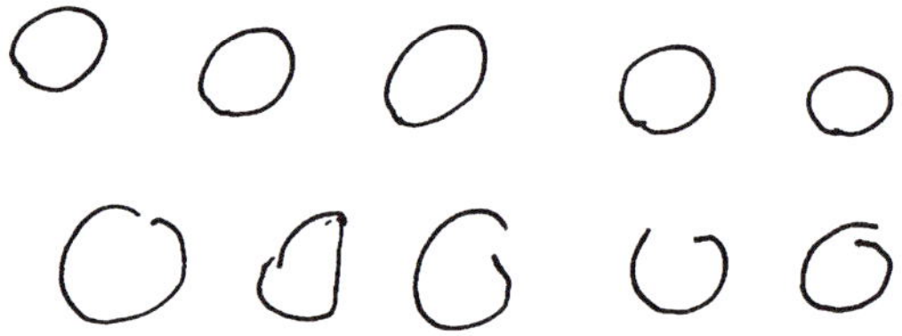

Auch z. B. beim Schreiben von b und d müssen Kinder nachdenken, ob sie den Bauch des Buchstabens im oder gegen den

Uhrzeigersinn ziehen sollen; dies gilt auch für g und p bzw. q. Später jedoch automatisieren sich diese unterschiedlichen Bewegungsrichtungen.

Kinesiologen empfehlen zum Grundprogramm das Schreiben von Liegenden Achtern zur Verbesserung der Schrift.

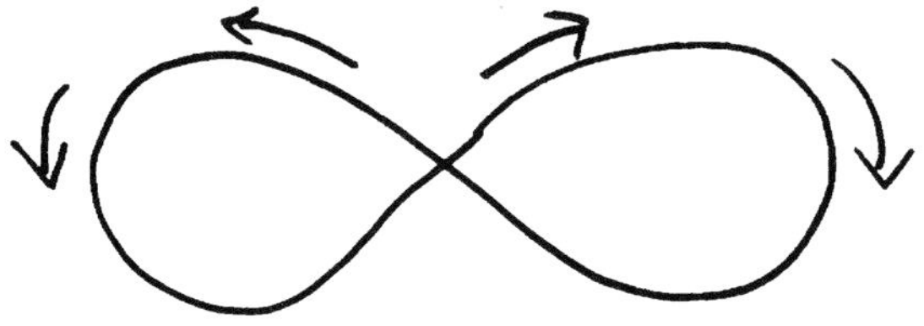

Welche geistige Reife muss nun ein Kind erreicht haben, um schreiben lernen zu können?

Der Lehrplan der meisten Schulen geht von einer bestimmten Logik aus, nach der ein Kind erst zu entziffern lernt, was andere Menschen geschrieben haben (lesen) und danach diese Kunst selbst lernt (schreiben). Aber unabhängig davon, ob diese beiden Lernprozesse im Unterricht auseinander gehalten werden oder eng miteinander verbunden werden, Lesen- und Schreibenlernen gehören zusammen.

Außer den Voraussetzungen, die schon beim Lesenlernen zur Sprache gekommen sind,[7] sind beim Schreibenlernen ein gutes Zusammenspiel von Auge und Hand sowie eine gute Motorik notwendig.

7 Jutta Kleedorfer/Margrit Mayer/Ernst Tumpold, Lesen mit Lust und Hirn. hpt-breitschopf, Wien 1996

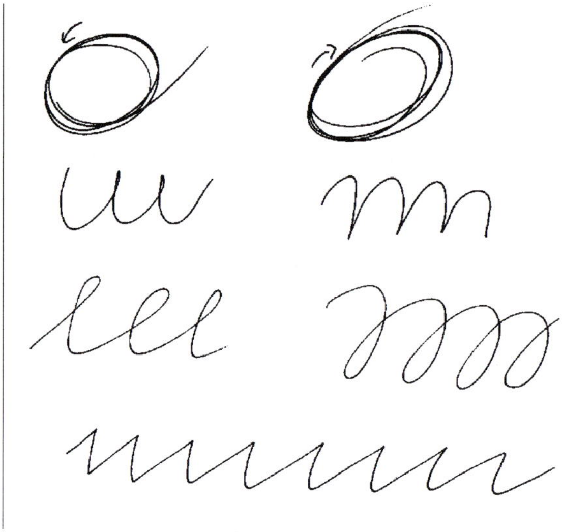

Ein Kind muss die Hand, die den Stift festhält, zielgerichtet auf dem Papier führen können. Das bedeutet, dass es alle Fingerknöchel kontrollieren und willkürlich biegen und strecken kann, ohne den ganzen Arm zu benützen. Außerdem sind der Daumen und das Handgelenk sehr wichtig. Ein Kind muss diese leicht nach innen oder außen drehen können.

Ein Kleinkind zeichnet meist aus der Schulter heraus. Sein ganzer Arm macht bei der Zeichenbewegung noch mit. Aber aus dem Kraftgriff der zeichnenden Kleinkinderfaust muss der Präzisionsgriff des Volksschülers werden. Dabei stützt er den Stift mit dem Mittelfinger, hält ihn unverkrampft zwischen Daumen und Zeigefinger und steuert ihn durch behutsames Beugen und Strecken der Muskeln und kleiner Drehung der Gelenke.

Beim Schreiben sind zumindest drei Bewegungsabläufe[8] zu unterscheiden:

8 Rita Kohnstamm, Praktische Psychologie des Schulkindes. Huber, Bern – Stuttgart – Toronto 1988, S. 37 f.

a) Es muss erstens erkannt werden, um welche Bewegung des Schreibens, um welche Buchstabenform, es sich handelt.

b) Zweitens müssen die erforderlichen Muskeln durch das Nervensystem angeregt und koordiniert in Einsatzbereitschaft versetzt werden.

c) Drittens kommt es zur tatsächlichen Ausführung der Muskelbewegung, wobei kontrolliert werden muss, ob Schreiben nach Plan verläuft oder etwas verändert werden muss.

Dabei kann so viel schief gehen, weil jeder Teilbereich störungsanfällig ist. Mit Hilfe der modernen Mikroelektronik kann man diese Ursachen der Schreibstörungen gut aufspüren.

Schreiben lernen bedeutet also, sich das Aussehen der einzelnen Buchstaben zu merken und zu üben, welche Bewegungen nötig sind, um sie zu schreiben.

Das Kind muss also die Buchstabenbewegungen im Gedächtnis speichern, sich einen „Wortspeicher" anlegen. Während des Schreibvorgangs muss es schnell aus dem Gedächtnis das Wissen über den Bewegungsablauf abrufen, so dass der eine Buchstabe fließend in den nächsten übergehen kann. Schließlich müssen diese Bewegungen schnell und korrekt ausgeführt werden. Wichtig ist, dass es sowohl beim Lesen wie beim Schreiben von Buchstaben weniger auf konkrete Formen ankommt, sondern auf Schemata. Daher ist es wenig sinnvoll, Abmalübungen von Buchstaben durchzuführen, denn es gibt so viele unterschiedliche Schriften, dass es nur darauf ankommt, ein abstraktes Schema von den Buchstaben im Kopf zu speichern, um diese in ihrer Formenvielfalt wieder zu erkennen.

2. Wege zur Schrift

2.1 Wer soll das entziffern?

Wer hat nicht schon einmal ratlos vor einem Zeichen, einer Inschrift, einem Gekritzel gefragt, von dem er wusste, dass es etwas bedeutete, aber nicht, was?

Woran liegt es, dass man bestimmte Zeichen ohne weiteres und andere nur mit Nachhilfe versteht? Wie hängt die Schrift mit der Sprache, wie hängen die Buchstaben mit Lauten zusammen?

Unsere Schrift besteht aus 26 Buchstaben, die man schreiben und lesen kann.

War das immer so, gilt das auch für andere Schriften? Welche Schriften gibt es überhaupt?[9]

Schriftzeichen wurden früher geheimnisvolle Kräfte zugeschrieben, sie wurden mit überirdischen Wesen in Verbindung gebracht. Die steinzeitlichen Höhlenzeichen hatten kultische Bedeutung, sie sollten Jagdglück beschwören. Aus Zeichen konnte man den Ratschluss der Götter lesen, und mit Zeichen konnte man sie günstig stimmen. Die griechischen OrakelpriesterInnen oder die germanischen Druiden suchten sie zu deuten. So ritzte man Zeichen z. B. in hölzerne Stäbchen, warf sie in die Luft, und wie sie auf einem Tuch auffielen, wurden die „Buchstaben“ dann „auf-gelesen“.

Die Verbindung zum Jenseits wurde durch Schriftzeichen hergestellt. Was aufgeschrieben war, überdauerte die Zeit. Der altrömische Dichter Horaz meinte schon: Littera scripta manet! Das geschriebene Wort hat Bestand! Deshalb sind die Wände ägyptischer Grabräume mit Aufzeichnungen bedeckt.

9 Boettcher, 1983, S. 213

Die Entwicklung der abendländischen Schrift

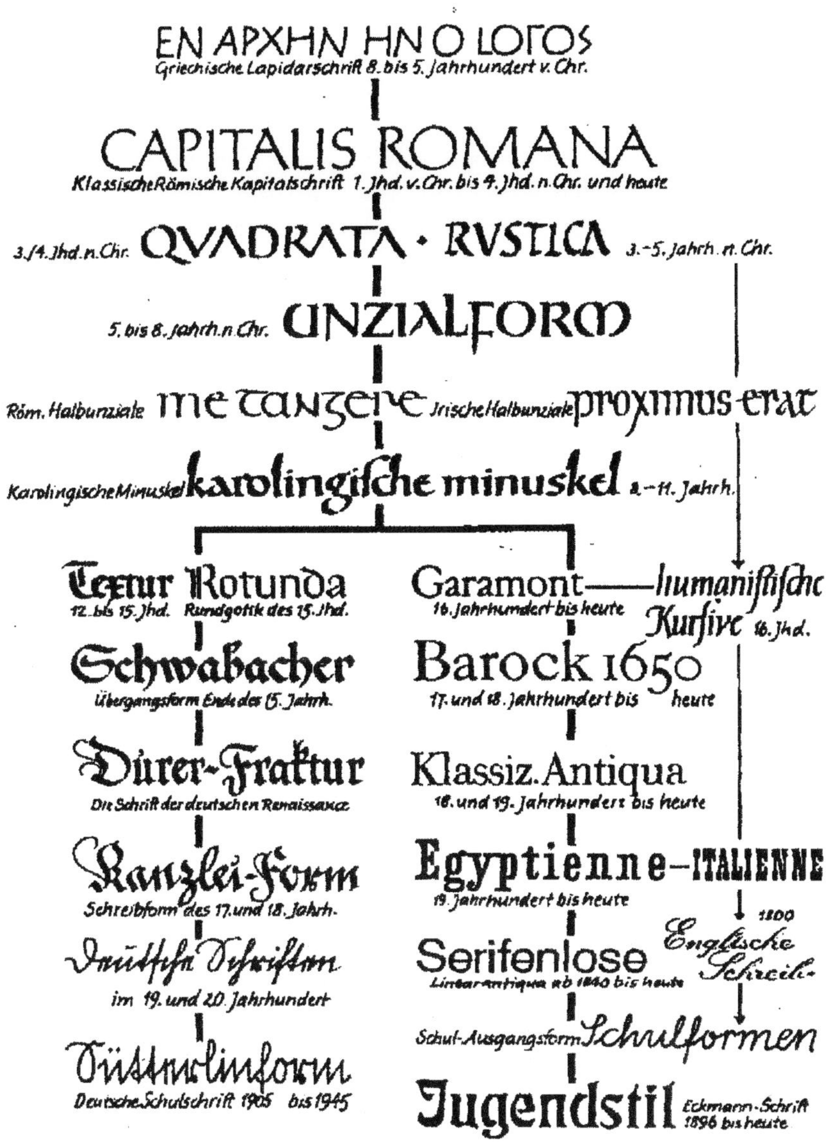

Wann und wo müssen wir eigentlich suchen, wenn wir die Anfänge unserer Schrift finden wollen?[10]

Wir müssen dazu etwa fünftausend Jahre zurückgehen, und zwar nach Mesopotamien, ins Zwischenstromland, das heute zum Irak gehört. Dort gab es kleine Stadtstaaten mit einer gut organisierten Wirtschaft, mit tüchtigen Handwerkern und geschickten Kaufleuten, die mit weit entfernten Völkern Handel trieben. Bald wurde es notwendig, über verkaufte, lagernde oder bestellte Waren Aufzeichnungen zu führen. Dabei kam man auf die Idee, weiche Tonklumpen zu benützen, in die man leicht Zeichen einritzen oder eindrücken konnte. Meist hielt man den Besitz einer bestimmten Anzahl von Gegenständen fest, indem man einfach diesen Gegenstand zeichnete und daneben die Anzahl durch das Anbringen von Strichen notierte. Diese Tontafeln wurden getrocknet und in eigenen Archiven aufbewahrt.

Sie wären längst zu Staub zerfallen, wären nicht viele der Städte im Laufe der Zeit niedergebrannt worden. Dabei wurden die Tontafeln steinhart und konnten so Jahrtausende überdauern, bis sie im 19. und 20. Jahrhundert von Archäologen gefunden und entziffert wurden.

Bilderschriften gab es in vielen frühen Kulturen (Ägypten, Mesopotamien, China) wie bei den Naturvölkern der jüngeren Vergangenheit (Polynesier, Ureinwohner Australiens, Eskimos, Indianer) auf Felsen, Knochen, Rinden, Geweben und auf Tontafeln. Alle Schriftsysteme haben sich aus Bildzeichen entwickelt, manche haben den ursprünglichen Zustand bewahrt, so das Chinesische.

10 Werner Pichler, Bilder, Wörter, Rätsel. ÖBV, Wien 1981, S. 12 f.

木 Baum　　犬 Hund

門 Tür　　巴 Schlange

雨 Regen　　田 Feld

Solche Zeichen waren leichter verständlich, soweit sie für jeden erkennbar die Dinge abbildeten. Aber wie kann man Vorgänge oder Beziehungen mitteilen? Eine Frau abzubilden ist nicht schwer. Aber wie z. B. soll man ausdrücken, dass es Streit gibt? Die Chinesen haben folgende Lösung gefunden: zweimal das Zeichen für Frau = Streit.

Bilderschriften haben den Vorteil, dass sie jeder verstehen kann, der Nachteil jedoch ist, dass man für alles ein eigenes Bildzeichen braucht. Im Chinesischen gibt es über 40.000 Zeichen, auch wenn man mit 4.000 bis 5.000 in einem normalen Text auskommt. Doch man kann mit Bildzeichen Tätigkeiten und Beziehungen zwischen den Dingen schlecht darstellen. Deshalb haben schon die Ägypter ihren Hieroglyphen dreierlei Aufgaben zugewiesen: Je nach seiner Stellung im Text konnte das Zeichen eine Sache, die Bestimmung einer Sache oder einen Laut bedeuten (freilich nur einen Konsonanten).

Ganz ähnlich haben später die Germanen die Runen verwendet. Den Runenbestand bezeichnet man nach seinen ersten sechs Buchstaben „Futhark“.

Wegen der doppelten und gar dreifachen Funktion ihrer Zeichen waren die alten Bilderschriften sehr kompliziert geworden.

Da setzten die Griechen einen genialen Schritt. Mit nur 24 Zeichen kann man jedes Wort, auch ein neues und unbekanntes, schreiben. Schriftzeichen stellten nun nicht mehr die Dinge selbst dar, sondern die Wörter der gesprochenen Sprache. Zur Darstellung dieser Wortlaute entwickelten sie ein System aus nur 24 Schriftzeichen, die sie in Phönizien kennengelernt hatten: das Alphabet, so genannt nach den ersten beiden Buchstaben „Alpha" und „Beta".

Α	α	Alpha	Ν	ν	Ny
Β	β	Beta	Ξ	ξ	Xi
Γ	γ	Gamma	Ο	ο	Omikron
Δ	δ	Delta	Π	π	Pi
Ε	ε	Epsilon	Ρ	ϱ	Rho
Ζ	ζ	Zeta	Σ	σ ς	Sigma
Η	η	Eta	Τ	τ	Tau
Θ	ϑ	Theta	Υ	υ	Ypsilon
Ι	ι	Jota	Φ	φ	Phi
Κ	ϰ	Kappa	Χ	χ	Chi
Λ	λ	Lambda	Ψ	ψ	Psi
Μ	μ	My	Ω	ω	Omega

Die Buchstaben sind nun nicht mehr Bezeichnungen für Sachen und Begriffe. Der Buchstabe steht für einen Laut. Und wie die gesprochenen Wörter sich aus Lauten zusammensetzen, so setzen sich die geschriebenen Wörter aus Buchstaben zusammen. In ihrer Gestalt bilden sie nichts mehr ab. Sie sind Symbole ohne Bildwert.

Kyrill. Schrift	Russ. Druckschrift	Lautwert	Russ. Schreibschrift	Name	Kyrill. Schrift	Russ. Druckschrift	Lautwert	Russ. Schreibschrift	Name
А	А а	*a*	*А а*	*a*	Т	Т т	*t*	*Т т*	*tjě*
Б	Б б	*b*	*Б б*	*bjě*	ОУ	У у	*u*	*У у*	*u*
В	В в	*v*	*В в*	*vjě*	Ф	Ф ф	*f*	*Ф ф*	*ef*
Г	Г г	*g*	*Г г*	*gjě*	Х	Х х	*ḫ*	*Х х*	*ḫa*
Д	Д д	*d*	*Д д*	*djě*	Ц	Ц ц	*ts*	*Ц ц*	*tsě*
Є	Е е	*e, je*	*Е е*	*jě*	Ч	Ч ч	*tš*	*Ч ч*	*tšě*
Ж	Ж ж	*ž*	*Ж ж*	*žě*	Ш	Ш ш	*š*	*Ш ш*	*ša*
З	З з	*z*	*З з*	*zjě*	Щ	Щ щ	*štš*	*Щ щ*	*štša*
Н	И и	*i*	*И и*	*i*	Ъ	ъ	hartes Zeichen (stumm)	*ъ*	*tvjordy znak*
І	І і	*i*	*І і*	*i*	Ъl	ы	*y*	*ы*	*jery*
К	К к	*k*	*К к*	*ka*	Ь	ь	weiches Zeichen (Mouillierung)	*ь*	*mjaḫky znak*
Λ	Л л	*l*	*Л л*	*el*	Ѣ	Ѣ ѣ	*e, je*	*Ѣ ѣ*	*jatj*
М	М м	*m*	*М м*	*em*		Э э	*e*	*Э э*	*e*
N	Н н	*n*	*Н н*	*en*	Ю	Ю ю	*ju*	*Ю ю*	*ju*
О	О о	*o*	*О о*	*o*	Ꙗ	Я я	*ja*	*Я я*	*ja*
П	П п	*p*	*П п*	*pjě*	Ѳ	Ѳ ѳ	*f*	*Ѳ ѳ*	*fita*
Р	Р р	*r*	*Р р*	*er*	Ѵ	Ѵ ѵ	*i*	*Ѵ ѵ*	*ižitsa*
С	С с	*s*	*С с*	*es*					

Von den Griechen haben die Römer und die osteuropäischen Völker dieses Prinzip übernommen. Die Römer entwickelten aus dem griechischen Alphabet das lateinische, das wir fast unverändert heute noch benutzen. In Osteuropa entwickelte sich aus dem griechischen das kyrillische Alphabet, so genannt nach dem Slawenapostel Kyrill.

2.2 Das Abenteuer Schrift

Es ist spannend, selbst einmal diese Wege der Schrift zu erkunden, die folgenden Übungen führen direkt hinein in das Abenteuer Schrift.

Wir beginnen mit dem einfachen Austausch von Signalen und erleben so eines der größten Wunder der Menschheitsgeschichte: Die Entstehung der Schrift auf dem Weg über Bilder, Silben, Buchstaben.

Ein kleiner, spielerischer Vergleich kann vielleicht einen Eindruck von der Mannigfaltigkeit der Zeichen in den einzelnen Schriften vermitteln.

Sehen wir uns an, in welchen Buchstaben- oder Silbenfolgen bei einigen Völkern und in manchen Ländern die Lautfolge, aus der sich unser Wort „TAGE“ zusammensetzt, geschrieben wird:

Eskimos

Cree-Indianer

Korea

Japan

China

Mongolei

Indonesien

Hinterindien

Tibet

Rußland

Äthiopien

Kreta

Ägypten

2.3 Welcher Buchstabe ist der richtige?[11]

Alle diese Zeichen unterscheiden sich voneinander, zum Teil sogar sehr. Merkwürdigerweise bedeuten sie trotzdem alle das Gleiche: Sie stellen den Buchstaben „A“ dar, und wir können gut mit diesen Unterschieden zurechtkommen.

Man braucht nur einige alltägliche Druckerzeugnisse nehmen – eine Zeitung, Prospekte, Kataloge – und untersucht sie nach ihren Buchstabenformen und Druckgrößen. Da stößt man auf viele verschiedene Schriftarten, von denen einige besonders beliebt geworden sind, weil sie sich als gut lesbar, schreibbar und druckbar erwiesen haben.

Die Gestalt eines Buchstabens hängt natürlich auch davon ab, ob man ihn schreibt oder druckt.

Wenn man druckt, ergibt das eine Fläche. Gedruckte Schriften gab es schon vor Erfindung des Buchdrucks. Texte und Bilder wurden in einen Holzdruckstock geschnitten oder gestochen. Da-

11 Vergleiche dazu Boettcher, 1983, S. 218 f.

von konnte man dann viele Abdrucke herstellen. Von solchen „Wiegendrucken" sind etwa 40.000 unterschiedliche bekannt.

Die gebräuchlichsten Druckschriften lassen sich in zwei Arten einteilen: die Fraktur und die Antiqua. Die Frakturschriften heißen so wegen ihrer gebrochenen Linienführung. Die Antiquaschriften benutzen die Großbuchstaben der antiken lateinischen Schrift, und die Kleinbuchstaben der Hofschrift Karls des Großen, die nach rechts geneigte Antiqua, nennt man Kursivschrift.

Wenn man mit der Hand schreibt, erzeugt man Linien. Ein Buchstabe besteht aus einer Anzahl von Strichen, d. h. Linien in verschiedenen Richtungen, die miteinander verbunden sind. Bei der Druckschrift stehen wie bei Druckbuchstaben die vertikalen Striche kerzengerade.

Gerade jüngere Kinder bevorzugen vertikale Linien, daher ist die Blockschrift für viele anfänglich leichter zu erlernen.

Jeder Buchstabe besteht aus einer einzigartigen Kombination von Strichen, der Strichstruktur. Für eine deutlich leserliche Schrift betrachtet man im Allgemeinen fünf Striche pro Buchstabe als ausreichend. Mehr als fünf Striche wirken überladen, ist bei gezierten Handschriften vielleicht Ausdruck eines persönlichen Stils.

Bei einer guten Schreibmethode teilt man die Buchstaben nach steigendem Schwierigkeitsgrad der Strichstruktur ein. Jeder Strich verläuft ein wenig anders als der vorausgehende, d. h. es muss immer eine andere Kombination von Muskel- und Gelenkbewegungen erfolgen. Darum muss bei einem Buchstaben der Übergang von einer Richtung in die andere logisch sein. Er darf nicht „gegen den Strich laufen".

Viele der runden Formen, wie z. B. die breiten Schleifenbuchstaben, erfordern viel mehr Muskelaktivität als eine Schrift mit kleinen, scharfen Richtungsveränderungen.

2.4 Österreichische Schulschrift 1995

Von der Öffentlichkeit nahezu unbemerkt und von den Medien weitgehend ignoriert, fand in den letzten zehn Jahren ein groß angelegter Schulversuch statt.

Eine neue Variante jener lateinischen Schreibschrift, die wir als „Österreichische Schulschrift" kennen, wurde ausprobiert.

Immerhin mühten sich tausende Volksschüler, deren Eltern und Lehrer mit der Erprobung der neuen Formen ab.

Die anfängliche Sorge vieler Beteiligter, wieder mit etwas Neuem konfrontiert zu sein, wich aber bald der Erkenntnis, dass die neue Variante für die Kinder leichter zu erlernen, und daher auch für die Lehrer besser vermittelbar ist. Darüber hinaus ist sie auch noch gut lesbar.

Der Textvergleich auf der nächsten Seite (Gegenüberstellung Variante 1969/Variante 1995) soll eine bessere Vorstellung von den Änderungen vermitteln.

Auf den ersten Blick sind die Unterschiede gar nicht so groß. Verschiedene Merkmale der Schulschrift 1995 lassen aber die Reformbestrebungen im Hinblick auf die **Vereinheitlichung bestimmter Buchstaben- bzw. Bewegungselemente** im Detail deutlich erkennen, z. B.:[12]

gerade Abstriche bei	A B D F H T a b d e
gleiche Anhaken bei	I J K U Y i v w y
Linksdrehung bei	A C E Q a b d e
Rechtsdrehung bei	B D P j p s ß
Drehrichtungwechsel bei	G L N c g h k

12 Boyer, Entwurf zur Reform der Schulschrift, 1985

Man kann also insgesamt davon ausgehen, dass die Angst vor der neuen Schulschrift völlig unbegründet ist.

Sie ist ebenso wie die Schulschrift 1969 (die nach wie vor als gültige Variante gewählt werden kann) nur als „Richtalphabet" zu verstehen, d. h. die Buchstaben und Ziffern sollen laut Lehrplan am Ende der Grundstufe I von den Kindern in einer der Vorlage „angenäherten Form" geschrieben werden können.[13]

Textbeispiel Schulschrift 1969

Mahlzeit
Ein dezimeterkleiner Zwerg
verlor sein Z und war bloß Werg.
Ein sehr zerstreuter kleiner Mohr
verlor sein M und war ganz Ohr.
Ein Löwe schritt von dort nach da,
schaute verdutzt und brüllte: Ah!
Fraß Z und M, wie er so kam -
und ist seit dieser Mahlzeit zahm.
Friedl Hofbauer

Textbeispiel Schulschrift 1995

Mahlzeit!
Ein dezimeterkleiner Zwerg
verlor sein Z und war bloß Werg.
Ein sehr zerstreuter kleiner Mohr
verlor sein M und war ganz Ohr.
Ein Löwe schritt von dort nach da,
schaute verdutzt und brüllte: Ah!
Fraß Z und M, wie er so kam -
und ist seit dieser Mahlzeit zahm.
Friedl Hofbauer

13 BMUK, Aussendung 1994

Brigitte Trinkl

3. Vom Greifen zum Schreiben

3.1 Körperliche Voraussetzungen für das Schreiben

Viele Eltern wollen ihren Kindern etwas besonders Gutes tun, indem sie schon im Kindergartenalter Spiele zum Erlernen von Buchstaben und Zahlen kaufen, weil sie denken, dass es die Kinder beim Lernen in der Schule leichter haben werden. Das muss aber nicht unbedingt so stimmen, denn es müssen auch die richtigen Voraussetzungen vorhanden sein: Das Kind muss grundsätzlich in der Lage sein, die Zeichen richtig zu erkennen, sie zu speichern und wieder abzurufen, um sie aktiv verwenden zu können.

Überlegen Sie bitte einmal, wann unsere Hände nicht in Bewegung sind. Gehen Sie in Gedanken ihren Tagesablauf durch. Wie viele Tätigkeiten gibt es, bei denen wir unsere Hände nicht gebrauchen, bei denen sie nicht in Bewegung sind? Die Erfahrung zeigt, dass unsere Hände von Geburt an fast ununterbrochen in Bewegung sind.

Schon lange bevor das Kind zu zeichnen oder zu schreiben beginnt, durchläuft es verschiedene Entwicklungsschritte, die unabdingbare Voraussetzung dafür sind, dass das Kind Schreibmaterialien entsprechend führen kann.

Die Gesamtentwicklung wie auch die Entwicklung der Handgeschicklichkeit können individuell variieren. Abweichungen von ein bis zwei Monaten liegen durchaus im Bereich der Normalität. Ergänzend muss jedoch bemerkt werden, dass sie auch stark vom Umfeld und von der Förderung des Kindes abhängig sind.

3.2 Die Entwicklung der Handgeschicklichkeit

Bei der folgenden Darstellung werden bevorzugt jene Bewegungen angeführt, die für das Schreiben besonders wichtig sind.[14]

1. Monat: Der Greifreflex ist bereits vorhanden. Das Baby hat die Hände aber meist zur Faust geschlossen, es öffnet sie noch unkoordiniert.

2. Monat: Die Hände öffnen sich, wenn man sie berührt. Das Baby hält ein Spielzeug, das ihm gereicht wird, kann es aber noch nicht willkürlich loslassen.

3. Monat: Das Baby ergreift noch unkoordiniert Spielzeug, das man ihm anbietet, bewegt es und lässt es unbeabsichtigt wieder los. Es zupft an der Bettdecke oder an Kleidung, wenn es sie durch Zufall spürt. Es beginnt eher zufällig mit seinen Fingern zu spielen.

4. Monat: Es beginnt Spielzeug zu betasten und zu be-greifen, es erzeugt Geräusche mit seiner Rassel und möchte sie nicht hergeben.

5. Monat: Immer öfter ergreift das Baby aktiv und gezielt Gegenstände und umschließt sie mit dem sogenannten Affengriff: Es legt die Handfläche auf den Gegenstand, Daumen und Zeigefinger umschließen ihn dann. Es führt auch die zweite Hand zum Gegenstand und betastet ihn beidhändig.

6. Monat: Das Baby greift gezielt zu kleineren Gegenständen mit gestrecktem Daumen, Zeige- und Mittelfinger und gibt sie über die Körpermitte von einer Hand zur anderen.

14 Nach Sabine Pauli, Andrea Kisch, Geschickte Hände. Feinmotorische Übungen in spielerischer Form. Praxis Ergotherapie, Verlag modernes lernen – Dortmund 1996

9. Monat: Das Baby kann die Hände einzeln und zusammen bewegen, es ergreift auch ganz kleine Gegenstände wie Brotkrümel oder Rosinen im Pinzettengriff.

Baby greift mit Pinzettengriff

12–15 Monate: Das Kind kritzelt spontan und mit Freude.

$1^1/_2$–2 Jahre: Nun kritzelt es sehr dynamisch. Es hält den Stift dabei im Pfötchengriff oder in der Faust Es haut mit Wucht auf das Papier, dadurch entstehen Punkte und Löcher.

2–3 Jahre:	Das Kind beginnt unter anderem Spiralen zu zeichnen. Es hält den Stift zwischen den Fingern und malt Linien und geschlossene Kreise.
3–4 Jahre:	Das Kind malt Kreuze und den sogenannten Kopf- oder Gliederfüßer, eine Kombination aus Kreis und Strichen.
4–5 Jahre:	Das Kind hält den Stift im Dreipunktgriff. Es malt etwas aus und bleibt dabei ungefähr innerhalb der Begrenzung. Beim Haus setzt es anfangs den Kamin noch schräg an. Bald kann es Gegenstände wie Haus, Auto, Schiff richtig abzeichnen und malt ein Männchen aus mindestens sechs Teilen.
5–6 Jahre:	Das Kind kann seinen Namen in Druckbuchstaben abschreiben. Seine Zeichnungen sind sehr detailreich. Es malt Schlaufen und Wellen und versucht auch dreidimensional zu zeichnen.
6–6 1/2 Jahre:	Das Kind lernt schreiben.

Kinderzeichnungen

Linien und Kreise dominieren über Punkte und Striche

Junge, 5 1/2 Jahre alt

Die Sonne wärmt den Buben mit ihren Strahlen, Vögel ziehen am Himmel

Mädchen 5 Jahre alt

Bevor das Kind schreiben lernt, hat es also gelernt, zu stehen und zu gehen und seine Hände zu gebrauchen. All das erfordert das ständige Einüben von motorischen Abläufen, die abgespeichert werden und nach einigen Jahren so eingeschliffen sind, dass die Ausführung ohne nachzudenken geschieht. Für das Spielen von Musikinstrumenten und Bewegungen beim Sport gilt übrigens dasselbe.

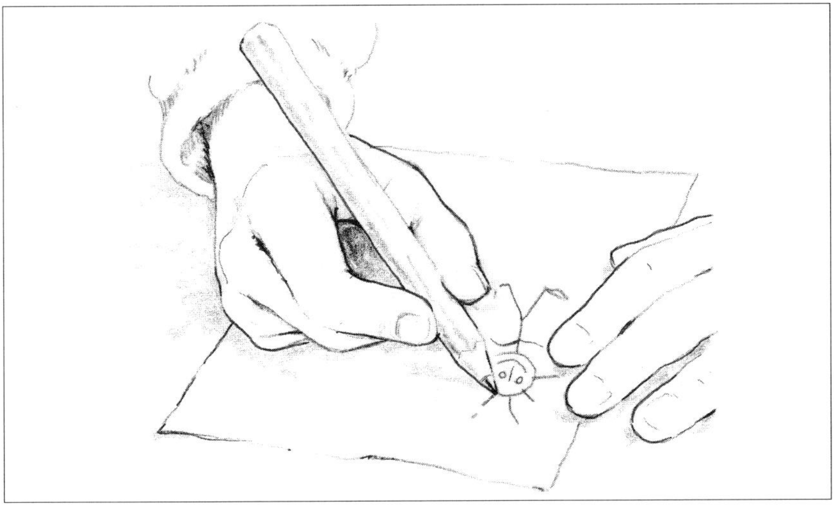

Die richtige Stifthaltung für Rechtshänder

3.3 Bewegen und Lernen

Bei Schulkindern kann man die unterschiedlichsten Ausprägungen ihres Bewegungsverhaltens beobachten. Vom „Patscherten" bis zum „Geschickten" sind sehr viele Abstufungen beobachtbar. Bewegung ist ein notwendiger Bestandteil der menschlichen Entwicklung. Der Bewegungsdrang der Kinder ist besonders in den ersten Lebensjahren nicht zu übersehen. Dies sind aber auch die entscheidenden Jahre für eine optimale Gehirnentwicklung.

Hat das Kind zu wenig Möglichkeit, sich zu bewegen, oder bleiben die Anreize zur Bewegung gar ganz aus, dann kommt es zu einer geringeren Ausreifung des Nervensystems.

Viele Eltern sind von der Notwendigkeit der Bewegung noch nicht überzeugt oder messen ihr einen geringeren Stellenwert zu als der geistigen und seelischen Bildung. Sie übersehen dabei jedoch, dass Krabbeln, Laufen, Schaukeln, Klettern und Balancieren nicht nur für die gute motorische Entwicklung wichtig sind. Auch die Feinmotorik entwickelt sich parallel und in Abhängigkeit zur Grobmotorik. Ein Kind kann z. B. erst dann erfolgreich schreiben lernen, wenn es sich nicht mehr mit der Ausrichtung des Körpers gegen die Schwerkraft auseinander setzen muss.

Das können Sie sich schwer vorstellen? Dann schreiben Sie doch einmal mit der rechten Hand Ihren Namen oder Ihre Adresse und malen Sie gleichzeitig mit dem linken Fuß links herum Kreise auf den Boden. Linkshänder malen mit dem rechten Fuß rechts herum Kreise. Ihre Schrift wird mit Sicherheit grafomotorische Störungen aufweisen, die durch das künstlich erzeugte instabile Körpergefühl erzeugt wurden.

Neuere Untersuchungen stellten fest, dass die Rechtschreibleistung insgesamt schlechter geworden ist. Aber nicht nur das. Ein ähnliches Phänomen wird auch im Bereich der motorischen Entwicklung beobachtet, und bei lese-rechtschreibschwachen Kindern bleibt oft auch die grafomotorische Leistung zurück. Häufig sind fünf- und sechsjährige Kinder kaum noch in der Lage, einfache Figurenreihen wie Kreise, Bögen, Arkaden usw. abzuzeichnen. Insofern könnte die Verschlechterung der Grafomotorik ein starker Hinweis auf eine Gesamtentwicklung sein, die durch ein Zurückbleiben auf dem Gebiet der Motorik gekennzeichnet ist.

Bewegen und Schreiben gehören demgemäß untrennbar zusammen. Daher hilft bei einer schlechten Schrift kein Schimpfen, und es nützt auch nicht, täglich zusätzlich zu den Hausaufgaben viel zu üben. Eine schlechte Schrift wird davon nicht schöner.

Jutta Kleedorfer

3.4 Schreiben lernen mit Hand, Kopf, Auge und Lust

Die Hand bewegt sich, wie es der Kopf will, das Auge kontrolliert alles.

Bewegung, Steuerung, Rückmeldung sind die drei Funktionen, die fürs Schreiben wichtig sind. Die Bewegungen, die die Hand zu vollführen hat, sind sehr kompliziert und fein. Darum heißt diese Bewegungsfunktion auch Feinmotorik. Die Feinmotorik muss trainiert werden, damit das „richtige" Schreiben dann leichter gelingt.

Es ist klug, eine gute Schreibtechnik von Anfang an zu entwickeln und dem Kind Zeit und Muße zu lassen, um ordentlich schreiben zu lernen. Eine flüssige Handschrift ist später die Voraussetzung für erfolgreiches Schreiben.

Denn: Je mehr Anstrengung und Konzentration der Schreibvorgang selbst beansprucht, desto weniger Aufmerksamkeit bleibt für den Inhalt übrig. Ein großer Teil der in Gedanken formulierten Sätze wird weggelassen, weil das Schreiben zu mühsam ist oder weil der Inhalt, der niedergeschrieben werden soll, einfach verschwindet.[15]

Gerade für Schreibanfänger sind vorbereitende einfache Schreibbewegungen sehr hilfreich:

Die Kinesiologie bietet für die Schreibpädagogik gute Übungen:[16]

a) Das Grundprogramm zur Auge-Hand-Koordination

b) Das Grundprogramm visueller Bereich

15 Peter Paul Niederegger/Maria Theresia Rössler, Hinter die Dinge sehen. Ein Lehrerlesebuch. Päd. Inst. Bozen, Athesia & Tappeiner 1994

16 Haberda, 1996, S. 72 ff.

c) Programm zum Verbessern der Schreibschrift: z. B. „Aufwecker“, „Liegende Acht auf dem Papier“, Armkreisen, „Liegende Acht in der Luft“, Alphabet-Achter, beidhändiges Zeichnen

Die Methode des „Schreibschwingens“[17] sieht vor, Schwingübungen als Vorübungen zur lateinischen Ausgangschrift zu machen. Ovale, Girlanden, Arkaden, Schleifen und Winkelzüge werden als Grundformen in rhythmischen Schwüngen, untermalt mit Musik oder kleinen Sprechversen, variationsreich geübt.

Um die Ausgangslage der Schreibanfänger richtig einschätzen zu können, eignen sich kleine Aufgaben, die außer der visuellen Wahrnehmung die Seitigkeitsdominanz eines Kindes überprüfen, Auskunft über dessen Raum-Lage-Stabilität geben, den Grad der feinmotorischen Geschicklichkeit erkennen lassen und Hinweise auf die Auge-Hand-Koordination geben. Folgende dargestellte Aufgaben aus einem Schreiblehrgang sind dafür hilfreich:[18]

1. Die Raum-Lage-Stabilität:

Aufgabe: Male die gleichen Buchstaben jeweils mit der gleichen Farbe aus!

17 Gertraud E. Heuß, Erstlesen und Erstschreiben. Auer, Donauwörth 1993, S. 108

18 Hans Gärtner, Ich lerne schreiben. Oldenbourg, München 1983a, S. 5 f.; 1983b, S. 4

Die Überprüfung der Raum-Lage-Stabilität zeigt, ob ein Kind in der Lage ist, spiegelähnliche Zeichen, beispielsweise M und W, A und V, n und u, sicher zu unterscheiden. Diese Fähigkeit ist für den Lese- und Schreibprozess äußerst wichtig, und Schwächen äußern sich in der sogenannten Lese- und Rechtschreibschwäche. Durch entsprechende Übungen sollte man von Anfang an die Unterscheidungsgenauigkeit trainieren.

2. Die Auge-Hand-Koordination:

Aufgabe: Verbinde die Punkte mit Strichen und lasse keine aus!

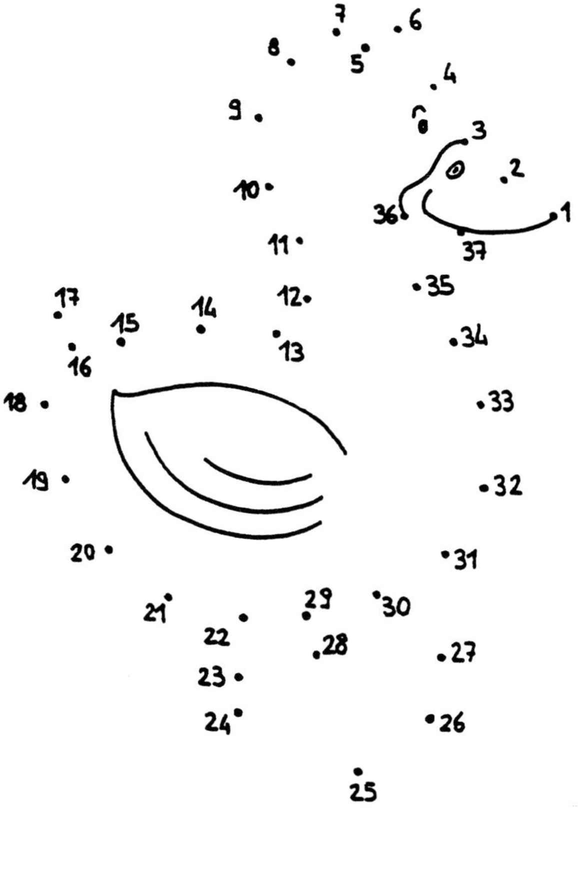

Das „Punkteverbinden“ lässt auf die Sicherheit der Auge-Hand-Koordination schließen bzw. gibt Auskunft über die feinmotorische Geschicklichkeit. Gelingt dies nicht oder nicht richtig, so lassen sich leicht selbst solche Übungen herstellen, indem man z. B. Bilder mit einzelnen Punkten „abpaust“, die dann das Kind vervollständigt. Der Überraschungseffekt ist dabei groß, und solche Übungen machen Spaß.

Brigitte Trinkl

3.5 Die integrierte Schreibhaltung

Integriert sein bedeutet, dass beide Gehirnhälften gut zusammenarbeiten und damit alle Ressourcen optimal ausgenützt werden können. Die integrierte Schreibhaltung fördert sowohl das Schreiben als auch das gesamte Lernen. Wie sieht die richtige, integrierte Schreibhaltung aus?

So integriert lässt es sich gut schreiben

- ★ Die Körperhaltung ist aufrecht, der Kopf gerade und etwa so weit vom Papier entfernt, dass das Kind mit gespreizten Fingern „eine lange Nase“ zwischen seiner Nase und dem Papier machen kann.
- ★ Beide Füße sind auf dem Boden.
- ★ Das Kind hält den Stift locker im Pinzettengriff (durchgedrückter Zeigefinger oder sogar weiße, blutleere Fingerkuppen weisen auf eine Verkrampfung hin).
- ★ Das Heft liegt leicht schräg vor der Körpermitte.
- ★ Die schreibende Hand wandert von links nach rechts.
- ★ Die Hand liegt unter dem Geschriebenen, das Handgelenk ist nicht abgeknickt. (Bei Linkshändern ist alles spiegelbildlich.)

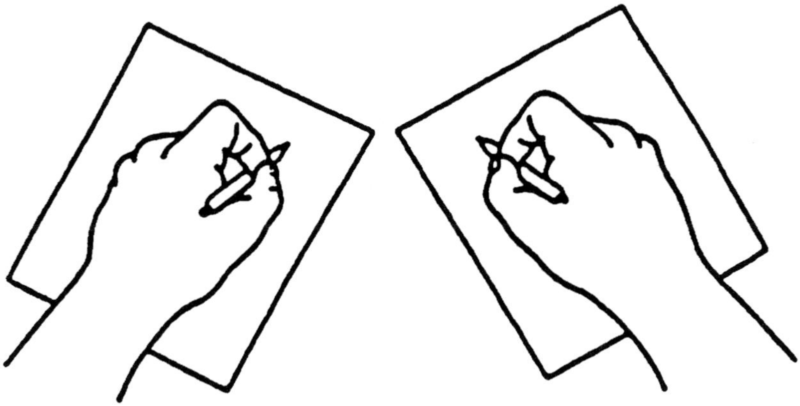

- ★ Die nicht schreibende Hand liegt ruhig auf dem Blatt.
- ★ Augen und Hand arbeiten gut koordiniert.
- ★ Der Atem geht fließend.

Jutta Kleedorfer

3.6 Faserstift oder Kugelschreiber, das ist die Frage!

Ein Kind, das gerade erst zu schreiben begonnen hat, drückt noch hart beim Schreiben gegen die Unterlage. Das fördert zwar die Rückmeldung, wirkt aber auch verkrampfend. Die Stärke beim Aufdrücken nimmt jedoch mit zunehmender Schreibfertigkeit ab. Eine gewisse Reibung zwischen Stift und Papier – der Stiftdruck – bleibt jedoch bestehen, und jeder Schreiber hat sein eigenes, charakteristisches Druckniveau.

Meist ist der Druck am Anfang des Satzes stärker als am Ende. Stärkere Druckschwankungen sind oft ein Zeichen von Verkrampfung. Aber auch das Schreibzeug ist von Bedeutung: Ein Kugelschreiber erfordert mehr Druck als ein Filzstift. Die Geschwindigkeit der Schrift passt sich automatisch der Größe der Buchstaben an.

Für Kinder, die ihre Bewegungen nicht ausreichend steuern können oder zu wenig Fingerkraft haben, sind Filzstifte jedoch weniger geeignet, da sie zu leicht über das Papier gleiten und das Kind kein Gefühl für die notwendige Dosierung seiner Kraft entwickeln kann.

Egal ob ein Kind eine Tafel, ein Heft, ein Stück Packpapier, eine Füllfeder, einen Bleistift oder eine Malkreide benutzt, wichtig ist, dass das Kind beim Lernen verschiedene Schreibgeräte und Unterlagen kennen lernt, damit experimentiert. Ebenso, dass es probiert, in verschiedenen Schriftgrößen und in verschiedenen Geschwindigkeiten zu schreiben.

Damit das Kind eine deutliche Rückmeldung über das Muskel- und Tastgefühl bekommt, soll es rauhes Papier, Bleistifte und Faserstifte benutzen. Die altmodische Schiefertafel und der Griffel waren auch nicht schlecht. Solche Gegenstände sind wieder modern geworden und in alternativen Ausstattungsgeschäften, wie z. B. „Grüne Erde", als ultimativer Hit erhältlich.

Nach der Montessorimethode beginnt der Lernprozess, indem Kinder Buchstaben aus Schmirgelpapier abtasten.

Der Phantasie sind keine Grenzen gesetzt: Wer will, kann Buchstabenkekse backen, Buchstabensuppe essen, Speckgummi zu Buchstaben formen.

3.7 Die Entwicklung der Handdominanz

Die Körperbeherrschung fällt unter die symmetrischen Funktionen, wobei allgemein gilt, dass die rechte Körperhälfte durch die linke Gehirnhälfte und die linke Körperhälfte durch die rechte Gehirnhälfte gesteuert wird.

Bereits ab dem 7. bis 8. Lebensmonat kann man beobachten, dass das Baby – wohl eher zufällig – eine Hand für bestimmte Tätigkeiten bevorzugt.

Mit etwa zweieinhalb Jahren kann man in der Regel eine haltende und eine führende Hand unterscheiden. Bevorzugt das Kind die linke Hand, darf es auf keinen Fall umerzogen werden!

Ungefähr ab dem 4. Lebensjahr wird es deutlich, dass eine Hand geschickter ist als die andere.

Für den Umgang mit dem Schreibmaterial und das Automatisieren der Schreib-Leserichtung eignen sich eine ganze Reihe von Spielen, die in Kindergärten und Vorschulklassen eingesetzt werden, z. B. das Stecken und Legen von diversem Übungsmaterial wie Holzstäbchen, Perlen, bunten Formen, Bildkarten und grafische Übungen. Bei derartigen Tätigkeiten sollte eine Hand als Führungshand eingesetzt werden. Wenn es für das Kind nötig ist, könnte man es auch an die „geschicktere Hand" erinnern.

Schulkinder bevorzugen für bestimmte Tätigkeiten wie z. B.

Zähneputzen, Kämmen usw. meist die gleiche Hand. Oft ist dies auch die lernfähigere und leistungsstärkere. Allerdings kann die Bevorzugung einer Hand von Eltern oder Großeltern – auch unbewusst – mehr oder weniger stark beeinflusst sein.

Deshalb ist es spätestens in der Vorschulklasse Zeit, Kinder mit nicht ausgeprägter Handdominanz sehr genau zu beobachten, um herauszufinden, welche Hand wirklich die bevorzugte ist. Dies kann durch sehr genaue Beobachtung des Kindes geschehen. In Zweifelsfällen sollte man sich jedoch an eine fachlich geschulte Person wie z. B. Psychologen, Ergotherapeuten und Heilpädagogen wenden.

Die Unterscheidung in Rechts- und Linkshänder erweckt den Eindruck, dass man entweder das eine oder das andere sei. Bei der genauen Beobachtung kann man jedoch feststellen, dass es statistisch gesehen im Grundschulalter etwas mehr Beidhänder gibt (ca. 8,3 %).[19] Für die ausgesprochenen Linkshänder bewegen sich die Schätzungen zwischen 8 und 13 %, wobei der Anteil der Jungen höher liegt als der der Mädchen.

Beidhändig zu sein kann im praktischen Leben durchaus auch ein Vorteil sein. Den Schreibabfängern macht es jedoch erhebliche Schwierigkeiten, da diese Kinder dazu neigen, den Stift in die andere Hand zu nehmen, wenn eine ermüdet.

3.8 Welche Hand ist „besser“?

Wissenschaftliche Untersuchungen haben gezeigt, dass Unterschiede in der Leistungsfähigkeit der Hände mit der Lateralität oder Hemisphärendominanz einhergehen und bereits bei der Geburt angelegt sind. Die Differenzierung erfolgt gleichzeitig mit dem Gebrauch der Hände im Lauf der Entwicklung.

19 Friedhelm Schilling, Linkshändigkeit und Grafomotorik. Zeitschrift Motorik 1992, Heft 3, S. 135 ff.

Deshalb ist es wichtig, bei der Einschulung zu wissen, welche Hand die leistungsfähigere ist. Ist man sich nicht sicher, reicht es in den meisten Fällen aus, das Kind mit jener Hand schreiben zu lassen, mit der es spontan und freudig malen und schreiben möchte.

Übungen, um die Dominanz der Schreibhand festzustellen: [20]

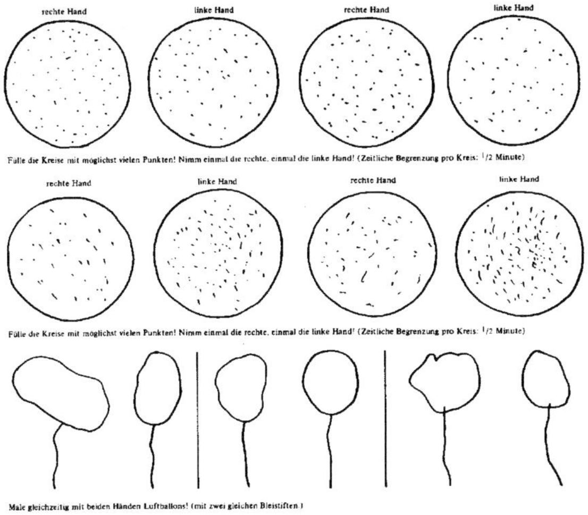

a) Fülle die Kreise mit möglichst vielen Punkten!
Nimm einmal die rechte Hand, einmal die linke Hand!
(Zeitliche Begrenzung pro Kreis: 30 Sekunden.)

b) Male gleichzeitig mit beiden Händen Luftballons (mit zwei gleichen Stiften)!

Die Anzahl der Punkte in den jeweiligen Kreisen sowie die Sicherheit der Strichführung bei der Gestaltung der Luftballons zeigen die Hand deutlich an, mit der das Kind sicherer arbeitet.

20 Gärtner, 1983 a, S. 5 f., 1983 b, S. 4

Weitere Beobachtungen des Kindes: Beim Auffädeln von Perlen auf eine Schnur, beim Ballfangen mit nur einer Hand, beim einhändigen Auf- und Zuknöpfen eines Kleidungsstückes, beim Umfüllen von Wasser aus einem Becher in eine Flasche, beim Balancieren von einem Ei auf dem Kochlöffel usw. lässt sich erkennen, mit welcher Hand ein Kind sicherer arbeitet und welche deshalb gefördert werden soll.

Auch großräumige beidhändige Zeichnungen oder das Malen von Girlanden und Arkaden mit der linken bzw. der rechten Hand geben Aufschluss über die leistungsfähigere Hand. Ist das Kind jedoch unsicher, welche Hand es wählen soll, malt es ungern oder wechselt es öfter die Hand, dann ist eine gründliche Untersuchung angebracht, die von einer fachlich ausgebildeten Person durchgeführt werden sollte.

Brigitte Trinkl

3.9 Linkshänder haben es schwerer

Linkshänder haben in unserer Gesellschaft oft Schwierigkeiten, die unterschätzt werden. Sie wurden Jahrhunderte lang gesellschaftlich abgewertet. Dies drückt sich unter anderem in verschiedenen Redewendungen aus. Ist man unbeholfen, dann wird man abwertend „linkisch" genannt. Man lässt „etwas oder jemanden links liegen". „Link" kommt aus der Gaunersprache und bedeutet falsch, anrüchig, fragwürdig, nicht vertrauenswürdig. „Linke Geschäfte" sind hinterhältig, ein „linker Vogel" ist ein zwielichtiger Mensch. Und wenn man jemanden „linkt", dann hintergeht man ihn. Wie oft hört man die Aufforderung an das Kind, doch „die schöne Hand" zu geben!

Heute versucht man in den Schulen nicht mehr, links schreibende Kinder auf rechts umzuerziehen. Man überlässt es den Kindern, mit welcher Hand sie schreiben wollen. Dabei besteht jedoch die Gefahr, dass sich ein Kind, das sich selbst überlassen ist, eine falsche und unökonomische Körper- und Stifthaltung angewöhnt. Deshalb sollte man nicht übersehen, dass auch das linkshändig schreibende Kind Vorbild und Hilfe von der Lehrkraft braucht, denn Stift- und Schreibhaltung werden vor allem durch Nachahmung erlernt.

Weil es für Rechtshänder nur schwer möglich ist, sich in die Problematik von Linkshändern zu versetzen, sind sie jedoch leider oft selbst überfordert. Die folgenden Tipps sollen dem links schreibenden Kind zur richtigen Schreibhaltung verhelfen.

3.10 Tipps für das links schreibende Kind

TIPP 1: Achten Sie darauf, dass das Kind während des Schreibenlernens immer dieselbe Hand benutzt und nicht in unbeaufsichtigten Momenten die Hand wechselt. (Dies gilt aber nur für das Schreiben und Zeichnen, nicht für andere Alltagshandlungen.)

TIPP 2: Der Stift wird spiegelbildlich zu dem des Rechtshänders gehalten. Die Hand befindet sich unterhalb der Schrift. Das Handgelenk ist nicht abgeknickt.

TIPP 3: Das Blatt liegt links von der Körpermittelachse des Kindes.

TIPP 4: Das Heft soll leicht schräg liegen. Dadurch wird verhindert, dass das Geschriebene durch die Schreibhand verwischt wird.

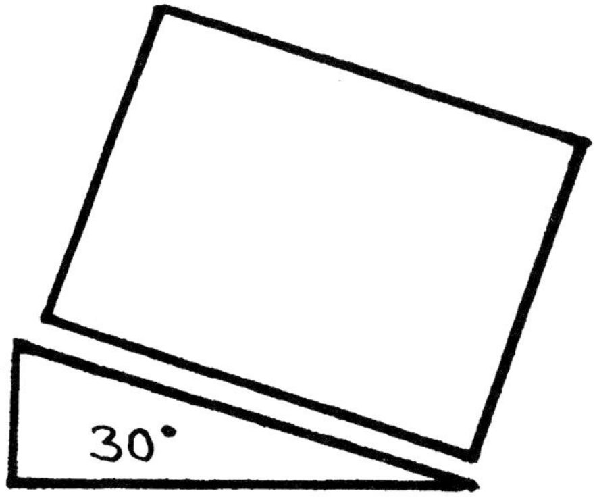

TIPP 5: Um das Kind an die richtige Schräglage des Heftes zu gewöhnen, legen Sie anfangs ein rechtwinkeliges, gleichschenkeliges Dreieck zwischen Tischkante und unteren Heftrand.

TIPP 6: Fallen Ihrem Kind schwierige Buchstabenformen besonders schwer, dann schreiben Sie ihm die Buchstaben mit ihrer linken Hand vor. Es macht nichts, wenn die Form krakelig ist. Wichtig ist, dass sich das Kind den richtigen Bewegungsablauf abschauen kann.

TIPP 7: Besorgen Sie eine Linkshänderfüllfeder für Ihr Kind. Übrigens – es gibt auch spezielle Scheren für Linkshänder.

TIPP 8: Achten Sie bei der Beleuchtung darauf, dass das Licht von rechts einfällt, damit kein Schatten auf das Geschriebene fällt.

TIPP 9: In der Schule sollte der Linkshänder immer links neben einem Rechtshänder sitzen, damit sich die Nachbarn nicht gegenseitig behindern.

Latente Linkshänder können unter schwierigen Situationen, unter Zeitdruck, bei Müdigkeit und Stress vermehrt Rechtschreibfehler machen. Das kann durchaus bis ins Erwachsenenalter anhalten.

3.11 Eine Schrift – wie der Hahn am Mist

Immer wieder beklagen sich Eltern und Lehrer über die schlechte, unleserliche Schrift der Kinder. Oft folgt der Hinweis, dass sie selbst als Kind viel schöner geschrieben hätten.

Eltern haben mitunter eine idealistische Vorstellung von ihrer eigenen Schrift als Kind. Nehmen Sie einmal ein paar Hefte aus Ihrer Schulzeit heraus und überprüfen Sie, ob Ihre Erinnerung mit den Tatsachen übereinstimmt. Und bedenken Sie: Kein Kind schreibt absichtlich schlecht!

Wichtiger ist es, das Verständnis der Erwachsenen dafür zu wecken, dass das Kind (noch) nicht anders kann.

Wie aber schaut das Schriftbild eines grafomotorisch beeinträchtigten Kindes aus? Machen Sie einen einfachen Selbstversuch: Schreiben Sie einen Satz in Spiegelschrift und betrachten Sie ihn mit Hilfe eines Spiegels. Ihr Schriftbild wird mit großer Sicherheit dem eines Kindes gleichen, das starke grafomotorische Störungen aufweist.

Hat ein Kind grafomotorische Schwierigkeiten, dann hat es keinen Sinn, noch mehr zu schreiben. Vielmehr gilt es, die Ursachen herauszufiltern: Ist die gesamte Handmotorik beeinträchtigt oder nur das Schreiben? Verspannt sich das Kind beim Schreiben? Wo liegen die Verspannungen: in den Fingern, in der Hand, im Handgelenk, im Ellbogen? Ist die Schulter hochgezogen? Hat das Kind nach ein paar Worten Schweiß an der Handinnenfläche? Dies ist immer ein Zeichen, dass das Kind bis an seine Leistungsgrenze geht. Atmet es stoßweise oder verkrampft? Bei einer derart ausgeprägten grafomotorischen Störung wird es sich mit Sicherheit bald sehr schlecht fühlen, den Stift weglegen und nicht mehr schreiben wollen.

Fehlt dem Kind vielleicht nur das Gefühl dafür, wieviel Kraft es bei verschiedenen Tätigkeiten einsetzen muss? Dann wird es wahrscheinlich auch Schwierigkeiten beim Schreiben haben.

Es wird den Stift fallen lassen, weil es ihn nicht fest genug hält, oder es wird Löcher in das Papier reißen, weil es zu fest aufdrückt.

Oft sagen die Kinder auch: „Ich weiß doch, wie man das schreibt, aber meine Finger machen etwas ganz anderes." (Eine Aussage, die man übrigens in ganz ähnlicher Art auch von Erwachsenen hören kann, die als Kind von der linken auf die rechte Hand umerzogen wurden.)

Dahinter steht jedoch sehr häufig eine unzureichende Koordination zwischen dem visuell-taktilen System, genauer gesagt zwischen den Augen und den Fingerspitzen. Wahrnehmungsschwächen können auch bei Kindern mit hoher Intelligenz mit der Zeit zu Lernstörungen führen. Wer über den taktilen Sinneskanal nur ungenau spürt, dem wird es schwer fallen, seine Kraft genau zu dosieren und den Stift richtig zu halten. Eine diffuse Wahrnehmung von Lage und Haltung der Finger über das kinästhetische System führt zu unkontrollierten Bewegungen. Die Kinder zeigen eine überschießende Motorik, die das gesamte Schriftbild prägt, und können sich nur schwer an Begrenzungen, z. B. beim Ausmalen, halten.

Bedingung für eine gute Entwicklung der Handgeschicklichkeit ist, dass schon das Baby ausreichend visuelle, taktile und kinästhetische Informationen bekommt. Nur wenn visuelles, taktiles und kinästhetisches System gut funktionieren und zusammenspielen, ist die Grundlage für eine leichte und lockere Schrift gegeben.

Wem diese Zusammenhänge einleuchten, der wird auch Verständnis für Schüler in höheren Schulstufen haben, denen durch eine unzureichende Feinmotorik der Stress der Tätigkeit Schreiben oft auch viel Kraft für das „richtige Schreiben", nämlich die Rechtschreibung, kostet.

Die Beobachtungen haben gezeigt, dass Kinder mit Lernschwächen und Lese-Schreibschwäche und „schlechter Schrift" oft auch in ihrer Bewegungsentwicklung verzögert sind. Dies kann aber durch entsprechende von Fachleuten ausgewählte Übungen ausgeglichen werden, die sich auch einen Überblick über Grobmotorik, die Feinmotorik und die Wahrnehmung verschaffen und mit dem Kind dementsprechend arbeiten.

3.12 Wie Eltern die Entwicklung der Handgeschicklichkeit fördern können

Tasten und Greifen: Lassen Sie Ihrem Baby, speziell, wenn es zu greifen beginnt, möglichst viele Anreize, Dinge zu „be-greifen". Lassen Sie es mit möglichst vielen verschiedenen Materialen spielen – harten, weichen, rauhen, glatten, mit Sand, Steinen aber auch Fingerfarben und Hautcreme. Dies fördert die Sensibiltät von Fingern und Händen sowie ihre Geschicklichkeit.

Tast- und Fingerspiele: Kinder lieben den Körperkontakt, wenn sie bei den Spielen direkt angegriffen werden und selber streicheln oder zwicken können. Durch dieses Erspüren wird der eigene Körper intensiver wahrgenommen.

Bauen und Konstruieren: Je nach Alter eignen sich einfache Formen, Steckspiele und Konstruktionsspiele. Lassen Sie ihr Kind so viel wie möglich mit unterschiedlichen Materialien bauen. Dabei sollte nicht nur nachgebaut werden. Kinder gestalten gerne ihre eigenen Werke! Es werden die Hand- und Fingerkraft und die visuell-kinästhetische Koordination gefördert.

Werfen und Fangen: Spielen Sie viel mit unterschiedlichen Bällen – große, kleine, leichte, schwerere Luftballons und leichte Tücher fallen langsamer als Bälle und lassen sich besonders gut fangen. Beim Werfen, Zielen und Fangen wird das Zusammenspiel von Hand und Augen besonders trainiert.

Bewegung im Freien: Ermöglichen Sie dem Kind, sich möglichst viel außerhalb der Wohnung zu bewegen: am Spielplatz, in der Sandkiste, beim Schaukeln, im Wald, auf Wiesen und im Wasser. In der freien Natur gibt es besonders viele Anreize für alle Sinne.

Zeichnen und Malen: Halten Sie immer verschiedenes Papier und Schreibzeug bereit. Als Schreibmaterial eignen sich Fingerfarben, Malmäuse, Ölkreiden, Buntstifte usw. Je jünger das Kind ist, desto großflächiger möchte es malen. Packpapier kann man auch am Boden befestigen, damit es nicht herumrutscht. Grundsätzlich gilt: großes Blatt – dicke Stifte, kleines Blatt – dünnere Stifte.

Schon 10–15 Minuten pro Tag mit feinmotorischer Beschäftigung – zu Hause oder im Unterricht – würden vielen Kindern als große Unterstützung beim Schreiben zugute kommen.

3.13 Alte Kinderspiele, die ganz nebenbei auch die Schrift verbessern

Ball an die Wand

Ein Ball wird auf verschiedene Arten an die Wand geworfen, wobei sich der Schwierigkeitsgrad von Runde zu Runde steigert. Jede Wurfart muss zehnmal hintereinander richtig ausgeführt werden, bevor man zur nächst höheren aufsteigen darf. Wer einen Fehler macht, beginnt wieder von vorne. Es gibt viele verschiedene Wurfmöglichkeiten, z. B. die folgende:

1. Runde: mit 1 mal in die Hände klatschen.
2. Runde: mit 2 mal in die Hände klatschen.
3. Runde: mit 1 mal hinter dem Rücken klatschen.
4. Runde: mit 2 mal hinter dem Rücken klatschen.
5. Runde: mit 10 mal unter dem rechten Bein klatschen.

6. Runde: mit 10 mal unter dem linken Bein klatschen.
7. Runde: mit 10 mal unter dem rechten Bein durchwerfen.
8. Runde: mit 10 mal unter dem linken Bein durchwerfen.
9. Runde mit 10 mal um die eigene Achse drehen.

Manchmal wird auch mit zwei oder drei Bällen gespielt. Das Spiel mit drei Bällen erfordert viel Übung. Es setzt einen flüssigen Bewegungsablauf und eine gute Koordination zwischen Händen und Augen voraus sowie die Fähigkeit, sich etwas klar vorzustellen. All dies ist auch Voraussetzung für eine gute Schrift.

Kugerlscheiben

Zu Spielbeginn wird eine kleine Grube in die Erde gemacht. In etwa drei Metern Entfernung zieht man einen Strich. Jeder Spieler hat eine gewisse Anzahl von Kugeln, die er in die Grube zu rollen versucht. Gelingt ihm das, darf er auch die um die Grube herumliegenden Kugeln mit dem gekrümmten Zeigefinger in die Grube schubsen und die Treffer an sich nehmen. Wenn er allerdings nicht in die Grube trifft, wird sie geleert, und ein anderer Spieler kommt an die Reihe.

Auch das Kugerlscheiben ist eine gute Übung für die Hand-Auge-Koordination und das Schätzen von Entfernungen. Außerdem muss die Kraft dosiert eingesetzt werden. Beim Schreiben hilft das, den Stift gerade ausreichend fest und ausreichend locker in der Hand zu halten, damit er flüssig über das Heft gleiten kann und die Buchstaben gleichmäßig groß auf die Heftzeile geschrieben werden.

Fingerspiele fördern die Beweglichkeit der einzelnen Finger und ihr Zusammenspiel mit der ganzen Hand.

Himpelchen und Pimpelchen

Himpelchen und Pimpelchen,
die stiegen auf einen Berg.
Himpelchen war ein Heinzelmännchen,
Pimpelchen ein Zwerg.
Sie stiegen auf des Berges Gipfel
und wackelten mit ihren Zipfelmützen.
Und nach 52 Wochen
sind sie in den Berg gekrochen.
Dort schlafen sie in süßer Ruh,
drum sei schön still und hör gut zu.
Und nach vielen langen Wochen
sind sie aus dem Berg gekrochen.
Himpelchen sagt: Bau mir ein Haus!
Pimpelchen sagt: ich auch, ich auch!
Himpelchen sagt: Mein Haus ist krumm,
ist das nicht dumm?
Pimpelchen sagt: Mein Haus ist nicht gerade,
ist das aber schade!
Da kam ein kleiner Pustewind –
pff, war alles fort geschwind.

Jutta Kleedorfer

4. Jedes Kind ist sein eigener Sprachforscher

4.1 Der Weg der „Verschriftung" beim Erwerb der Schriftsprache

Beim Schreibenlernen beginnt kein Kind an einem absoluten Nullpunkt. Schon in der Kleinkindphase kommt aus wild hingekritzelten Linien oft etwas Buchstabenähnliches zum Vorschein. Beim aufmerksamen Beobachten des frühen Zeichnens kann man Parallelen zwischen dem Schreiben und dem Zeichnen beobachten: Schreiben ist Zeichnen von feststehenden Formen,[21] an die sich ein Kind gerne ab einem bestimmten Alter, etwa ab dem 4. und 5. Lebensjahr, hält.

Die fünf Regeln sind:

- ★ Beginnen an einem Punkt oben.
- ★ Beginnen an der linken Seite der Figur.
- ★ Beginnen mit einer horizontalen Linie.
- ★ Eine vertikale Linie von oben nach unten ziehen.
- ★ Zeichnen ununterbrochener Linien.

Diese „natürlichen Reihenfolgen" stimmen mit vielen „kulturellen Reihenfolgen", den Buchstabenmustern, überein. Daher sind diese auch leichter erlernbar. Das zusammenhängende Schreiben ist kein natürlicher Vorgang, doch mit sechs Jahren ist der Übergang dazu schon möglich, wenn auch manchmal etwas mühsam.

21 Kohnstamm, 1988, S. 38 f.

4.2 Das Modell des Schriftsprachenerwerbs

Wenn man Vorschulkinder beobachtet, kann man leicht erkennen, dass sie sich auf ihre Art mit Schrift befassen. Da werden Autokennzeichen erfragt und gedeutet, Reklameschilder und Verkehrszeichen „gelesen", da werden Bilderbuchtexte beim Anschauen der Bilder erfunden oder auswendig mitgesprochen, da werden Mitteilungen gekritzelt, einzelne Buchstaben geschrieben und gelegentlich auch schon zum eigenen Namen gefügt.

Kinder unseres Kulturkreises werden auf Schritt und Tritt mit Schrift konfrontiert.

Es gibt drei verschiedene Arten der Schreibung:[22]

★ das Nachspuren und Abschreiben,

★ das Verschriften und

★ die Rechtschreibung.

Das Nachspuren und Abschreiben sind grafische Tätigkeiten, die den Kindern helfen, Schriftzeichen(reihen) richtig, lesbar und im sinnvollen Bewegungsablauf zu reproduzieren. Das Abschreiben von mehreren Wörtern und/oder kurzen Sätzen lenkt den Blick auf die verschiedenen Abstände zwischen den Schriftzeichen, die innerhalb eines Wortes klein, aber zwischen den Wörtern groß sind. Gleichzeitig lernt es die Reihenfolge der Schriftzeichen einzuhalten und auf die Lese- und Schreibrichtung von links nach rechts zu achten.

22 Dagmar Mahlstedt, Lernkiste Lesen und Schreiben. Fibelunabhängige Materialien zum Lesen- und Schreibenlernen für Kinder mit Lernschwächen. Beltz, Weinheim und Basel 1994, S. 21

Beim Verschriften werden die Wörter der gesprochenen Sprache in Buchstaben umgesetzt. Wichtig ist, die Laute in der richtigen Reihenfolge nacheinander abzubilden (sogenanntes lautgetreues Schreiben). Es ist für Erwachsene ziemlich schwer, das Geschriebene von Schreibanfängern zu lesen, denn sie

- ★ wählen das Zeichen für einen Laut beliebig aus, wenn im Alphabet verschiedene Möglichkeiten bestehen:
  „si velän dass Zaichän belibich aus";
- ★ schreiben ohne Wortabstände oder setzen sie an beliebige Stellen:
  „sieschreibenohneWortabstände oderset zensie anbelie bigeStellen";
- ★ benutzen im willkürlichen Wechsel Groß- und Kleinbuchstaben:
  „sIe BEnutZen iM wiLLKürLichen wecHSeL GROß-UnD KleiNBuchStabEn";
- ★ haben keine Erfahrungen mit Worttrennungen, schreiben deshalb bis an den Blattrand und gehen – auch mitten im Wort – zur nächsten Zeile über:
  „Sie haben keine Erfahrungen mit W-orttrennungen, schreiben deshalb bis an den B-lattrand";
- ★ schreiben, wie sie sprechen, also auch mit mundartlichen Färbungen:
  „si schreibm,wi sie schprächn".

Dies alles ist in der Phase des Verschriftens erlaubt und richtig, denn es geht nur darum, die Sprechsprache mit Hilfe von Schriftzeichen zu verschlüsseln und Schreiben als Umkehrung des Leseprozesses zu begreifen.

Verschriften stört nicht die Rechtschreibung, wenn Schüler auf den Unterschied aufmerksam (gemacht) werden und zu anderer Zeit Gelegenheit bekommen, diese auch einzuüben.

Die Rechtschreibung ist das Schwierigste an der deutschen Schriftsprache, auch durch die neue Rechtschreibreform gibt es eine große Anzahl von Rechtschreibregeln, die gelernt und geübt werden wollen.

Der bekannte deutsche Grundschulpädagoge Heiko Balhorn[23] stellte eine Reihe von Sammelaufgaben für SprachforscherInnen zusammen, die wirklich Spaß machen und den Blick für die Rechtschreibung schärfen. Dazu einige Beispiele:

Sammelaufgabe 1:

Sammle je drei Wörter mit einer Silbe,
mit zwei Silben,
mit drei Silben, mit vier, fünf, sechs . . .
Silben.

Am besten nur zu einem Thema, z. B. Tiernamen, Städte, Pflanzen, usw.

Sammelaufgabe 2:

Es gibt in der deutschen Sprache 11 Formen, die die Mehrzahl bilden:

Kind – Kinder ist eine Form; Mann – Männer eine zweite; Frau – Frauen ist eine dritte: Suche die anderen 8 Formen und finde dazu je drei Beispiele!

Sammelaufgabe 3:

Suche solche Wörter, die du mit einem einzigen Buchstaben verändern kannst. Aus einem Schäferhund wird mit einem l ein Sch**l**äferhund. Aus einem Kuscheltier wird mit einem s ein Kuschel**s**tier.

23 Heiko Balhorn, Grundwortschatz – das Wörterbuch für die Grundschule. vpm – Verlag für pädagogische Medien, Hamburg 1993, S. 256

Die preisgekrönte Autorin Gudrun Pausewang, jahrelang als engagierte Grundschullehrerin tätig und mit den Nöten der Rechtschreibung vertraut, hat in Form eines (Stoß)-Gebets die Probleme zusammengefasst:

Liber Fater

Liber Fater im Himel,
ichfersteh nicht,
warums so wichtig sein sol,
daß Fater mit V und nicht mit F
geschriben wird.
Unser Leerer regt sich auf,
wenn ich diese beiden Buchstaben ferwecksle.
Er fengt an zu brülen
und knalt mein Dicktatheft aufs Pullt
und drot mit einer Fümf.
Dabei hören sie sich gans gleich an,
wenn mann sie ließt.
Wegen diesem kleinen unterschiet
braucht er doch keinen solchen wind zu machen.
So wie ich dich kenne liber F Vater,
findest du daß doch auch nicht so wichtig.
Du würdest noch nicht einmal Wütent,
wenn ich das V mit einem F verweckseln würde,
aus Fersehen natürlich.
Dich hett ich gern alz Leerer,
weil dir nur das wichtige wichtig ist.
Für dich würd ich Fater imer mit V schreiben,
weil ich dich lib hap.

Die Grundschulforscherin Scheerer-Neumann hat bei den eigenen Kindern dabei die Stufen von Entwicklungsverläufen bestätigt, die das Frithsche Modell bestimmen:[24]

1. Die Stufe des logografischen Lesens und Schreibens:

Logografisches Lesen und Schreiben ist ein direktes Erkennen eines Wortes ohne lautliche Prozesse. Die Wörter werden anhand einzelner Buchstaben und/oder an kleineren grafischen Merkmalen erkannt.

Zum Beispiel „Omi ist das Wort mit dem Punkt", der verschnörkelte Schriftzug beim Markenzeichen Coca Cola.

Das logographische Schreiben ist direkt, denn das Kind kann nur die Wörter schreiben, wenn es zuvor die Zeichenformen (Grapheme) und ihre Reihenfolge „auswendig" gelernt hat.

2. Die alphabetische Stufe

Beim Mitsprechen von Schreibwörtern übernimmt das Kind von selbst die alphabetische Strategie, d. h. jedem Laut (Phonem) wird ein Buchstabe (Graphem) zugewiesen. Auch unbekannte Wörter können jetzt geschrieben werden, zunächst unvollständig (z. B. BT = Bett), später entfaltet (z. B. HANT = Hand).

Das Kind lernt die Lautung der einzelnen Buchstaben kennen und gleichzeitig die Schreibweise bestimmter Laute. Bei diesem „Schreibe, wie du sprichst!" kommt es unvermeidlich zu „Rechtschreibfehlern" ,weil es in der deutschen Sprache keine 1:1-Zuordnung gibt zwischen dem Laut, den man hört, und dem Buchstaben, der geschrieben werden muss. Manchmal lassen sich diese Aufzeichnungen der Kinder dadurch verstehen, indem man sie laut liest.

24 Hartmut Günther/Otto Ludwig, Schrift und Schriftlichkeit. Ein interdisziplinäres Handbuch internationaler Forschung. Walter de Gruyter, Berlin – New York 1996, S. 1342

Beim Lesen zeigt sich ein „Erlesen“ als ein schrittweises „Übersetzen“ von Buchstaben in Laute und deren Zusammenklang.

3. Die orthografische Stufe

Durch häufige Leseübungen und durch wiederholtes Schreiben bekannter Lesewörter erreicht ein Kind diese Stufe, auf der ein Wort der Rechtschreibung nach richtig gelesen und geschrieben wird. Diese Stufe wird zuerst über das Erkennen der Wörter und deren lautlicher Wiedergabe beim lauten wie stillen Lesen erreicht.

„Kinder schreiben nicht richtig, weil sie Regeln anwenden, sondern sie schreiben richtig, weil sie in die Wörter hineinschauen können.“ Dies meint Heiko Balhorn, und er fordert: OPERATIONEN statt REGELN!

Kinder werden behutsam in die orthografische Struktur z. B. durch sogenannte „Drehwörter“ eingeführt. Das sind zusammengesetzte Hauptwörter (Nomen), die man vertauschen kann:

der Baumstamm wird zum Stammbaum
die Blume**n**wiese wird zur Wiese**n**blume
die Wurstsemmel wird zur Semmelwurst (Wo gibt’s die?)

Es gibt viele gute **Denkwege** zur Rechtschreibung, am lustigsten sind jedoch die Tipps von „Otto Graf“[25]

1. Tipp: Grundformen suchen!
Singt er oder sinkt er? Was macht er wirklich?

2. Tipp: Wörter verlängern! (Der nächste Buchstabe solll ein Selbstlaut sein.)
Was ist teuer? Ein gutes Rad oder ein guter Rat?
Rad – Räder, raten

3. Tipp: Denk an gute Bekannte unter den Verwandten!
Problem: er f. . . .rt
fahren, du fährst, er fuhr
der Fahrer, die Fahrt, das Fahrrad
die Fährte, die Fähre

Eigentlich merk-würdig: Einmal h – immer h!

4. Tipp: Länge und Kürze ausprobieren!
Ob ein Selbstlaut lang oder kurz ist, kann man durch deutliches Sprechen erkennen, oder du bildest einfach das „andere Wort“:

Das Lam ist lam. Lamm: lahm
Das Schif ist schif. Schiff: schief

5. Tipp: Zweifeln ist immer gut!
Wer zu sicher ist, der lernt nichts dazu.
Macht dir ein schwieriges Wort Schwierigkeiten, dann:
Sprich es langsam und Ü-BER-DEUT-LICH!
Schreibe das Wort verschieden auf einen Zettel:
kapputt – kaput – kaputt – kapput: Sieger ist kaputt!

25 Balhorn, 1993, S. 274

6. Tipp: Achte auf den „springenden Punkt“:
Du kannst damit verzwickte Stellen in Wörtern einkreisen!
Oder lasse ihn vor die Wortfamilie springen:
au: äu: der Verkauf – die Verkäuferin.

Empfehlenswert ist es, Kinder so früh wie möglich mit dem Wörterbuch vertraut zu machen. Wirklich innovativ und lustbetont aufgebaut ist Heiko Balhorns „Grundwortschatz – das Wörterbuch für die Grundschule“ (vpm, verlag pädagogischer medien, Hamburg 1993).

Wenn ein Kind nach dem Wörterbuch greift, bedeutet dies:

★ sich einer gewissen Unsicherheit bewusst zu sein;

★ sich Fragen nach der richtigen Schreibung zu stellen;

★ Vermutungen über mögliche Schreibweisen anzustellen und zu bestätigen.

Diese Überlegungen sind ein Weg, sich etwas zu **merken**, nachdem man etwas **be-merkt** hat.

Das Besondere an diesem vorgestellten Grundschulwörterbuch ist die Betonung der Wortfamilie. Die Wörter einer Wortfamillie werden einander zugeordnet. Der gemeinsame Wortstamm ist dabei die zentrale Einheit, „um die sich alles dreht“. Wenn Kinder ein Empfinden für das Stammprinzip entwickelt haben, haben sie **das Grundprinzip der deutschen Rechtschreibung verstanden.**

Wörter fallen nicht vom Himmel. Die Menschen haben sie gemacht. Einige sind tausend Jahre alt, andere sind ganz neu, manche sind durch die neue Rechtschreibung frisch verändert worden. Jedes Wort hat eine eigene Geschichte. Wenn du mehr darüber erfahren willst, dann suche deine Lieblingswörter im Herkunftswörterbuch! Kleine Kinder „erfinden“ manchmal eigene Wörter. Vielleicht gibt es in deiner Familie auch Wörter, die nur ihr gebraucht. Die stehen dann nicht im Wörterbuch, sie sind eine Art „Geheimsprache" für Eingeweihte. Sprache ist schon etwas Spannendes!

Bei allem Ernst soll aber auch Platz für „Blödeleien"[26] sein:

Was ist ein ZISCH?
Ein Tisch mit einem Schreibfehler.
Was ist ein ZASCH?
Ein Tisch mit zwei Schreibfehlern.
Was ist ein WURGL?

(Was ein Wurgl ist? Ein Tisch – völlig falsch geschrieben.)

Es ist so (rechtschreib)-not-wendig (im wahrsten Sinn des Wortes), Kindern gute, lustige, spannende „Lesetexte" zu bieten, Kinderbücher sind die besten Helfer für eine gute Rechtschreibung!

Aus der Beschreibung der Entwicklung von Lese- und Schreibfertigkeiten lässt sich leicht erkennen, dass Lese- und Schreibfehler während dieser ersten Zeit des Schriftsprachenerwerbs geradezu erwartungsgemäß auftreten.

Der Erwerb der alphabetischen und orthografischen Lese- und Schreibstrategien ist für alle Kinder eine hohe und entscheidende Hürde im Lernprozess. Daher sind Geduld, Ausdauer und viel Übung vonnöten, um die Lese- und Schreibtechniken wirklich gut zu beherrschen. Eine Verzögerung, eine fehlende Festigung des Gelernten oder gar ein Überspringen beim Erwerb dieser Fähigkeiten führt unweigerlich zu einem verzögerten Erwerb auch der nachfolgenden Anforderungen. Es ist dann unendlich schwierig, diese Defizite und Mängel zu beheben.

26 Edith Schreiber-Wicke, Dem Einfall fiel es plötzlich ein. Jungbrunnen, Wien 1995, S. 43

4.3 „Was Hänschen nicht lernt, lernt Hans nimmer …"

Entwicklungsbiologen und Gehirnforscher entdeckten in diesem Zusammenhang etwas, was für die Pädagogik von größter Bedeutung ist:[27]

Das Gehirn des Kindes ist durch ein hohes Maß von neuronaler Funktionsplastizität gekennzeichnet. Genetisch vorgegebene Strukturen müssen in sensiblen Phasen der individuellen Entwicklung durch Nutzung bestätigt werden, um dann für die Informationsverarbeitung bereitzustehen.

Der Schuleintritt und die ersten zwei Schuljahre sind eine solche sensible Phase, in der es gilt, dem Gehirn des Kindes möglichst viel Anregendes und Neues zu bieten, Fertigkeiten zu trainieren und Gelerntes einzuüben. Entfällt nämlich die Bestätigung durch Nutzung (= handlungs- und kommunikationsorientiertes Lernen, Wissenserwerb), dann gehen die genetisch angelegten neuronalen Strukturen verloren. Was aber bestätigt wurde, bleibt endgültig erhalten.

Was Kinder in der frühen Phase tun, wie sie gefördert und zum Lernen angeregt werden, bestätigt neuronale Verbindungen, legt sie strukturell fest. Bleibt diese funktionelle Bestätigung aus, werden mögliche Kontakte zwischen den Nervenzellen abgeschaltet. Dann bleiben sie blind für alles, was möglich gewesen wäre. Dieser Prägungsprozess bezieht sich nicht nur auf Wahrnehmungs- und Lernprozesse, sondern auch auf die Gefühlswelt. Wozu ein Kind emotionalen Zugang bekommt, welche Wertorientierungen es erfährt, in welcher Kultur es sich geborgen fühlt, wird durch Erfahrungen und Erlebnisse der Kindheit hineinge-

27 Ernst Pöppel, Neue wissenschaftliche Grundlagen der Sprach- und Lesefähigkeit. Manuskript 1996, S. 5

presst. Dies hinterlässt unauslöschliche Spuren, bestimmt seinen Charakter, ein ganzes Leben lang.

5. Problemkindern auf der Spur

Im Folgenden werden einige Merkmale[28] genannt, die Signale von Kindern sind, damit ihnen geholfen wird.

- ★ Sie sind leicht ermüdbar.
  (Sie legen den Kopf sehr bald auf den Tisch.)
- ★ Sie können sich nur kurze Zeit konzentrieren.
  (Wenn eine Aufgabe zu schwierig erscheint, geben sie schnell auf.)
- ★ Sie lassen sich leicht ablenken.
  (Schon das Herunterfallen eines Bleistifts lässt sie die begonnene Arbeit unterbrechen.)
- ★ Sie haben einen starken Bewegungsdrang.
  (Langes Sitzen fällt schwer, sie sind zappelig.)
- ★ Sie verhalten sich bei Aufgabenstellungen passiv und suchen nicht von sich aus nach Lösungsmöglichkeiten.
- ★ Sie holen sich keine Hilfe.
  (Schauen weiterhin ratlos auf das Papier, beginnen zu spielen oder zu stören.)

28 Nach Mahlstedt, 1994, S. 24 f.

★ Sie verhalten sich bei Fragen ausweichend.
(Sie beantworten nicht ihnen gestellte Fragen, sondern es fällt ihnen gerade eine Fernsehsendung ein, von der sie unbedingt erzählen wollen.)

★ Sie nehmen Anregungen oder Denkanstöße kaum an.

★ Sie zeigen wenig Interesse an Schreibtexten.
(Das Lesen wird vom Fernsehen verdrängt, das die Information und Unterhaltung übernimmt, und das Schreiben vom Telefon, das zur Kommunikation benutzt wird.)

★ Sie vergessen und verwechseln die Schreibweise der einzelnen Schriftzeichen immer wieder, können sich die Buchstaben-Laut-Zuordnungen nicht merken.

★ Ihre Sprache ist nicht altersgemäß entwickelt.
(Sie verfügen über einen geringen Wortschatz und sprechen mit verwaschener Aussprache in unvollständigen Sätzen.)

Viele Kinder zeigen solche Verhaltensweisen und fallen durch Misserfolge und Versagen in der Schule auf. Bei einigen Kindern ist der Zustand der Verwirrung, Hilf- und Ratlosigkeit beim Schreiben- und Lesenlernen nur vorübergehend.

Dieses Buch kann eine echte Hilfe zur Beseitigung dieser „Störfelder" sein. Falls Sie als Eltern rasch an Grenzen stoßen, sollten Sie die Möglichkeit einer Betreuung oder Nachhilfe durch pädagogisch geschulte Lehrkräfte überlegen. Es mag sein, dass ein Kind durch Misserfolge eine Abwehrhaltung gegen das Lesen und Schreiben entwickelt hat, etwa ein Drittel aller Grundschüler macht eine solche Krise durch. Je schneller geholfen wird, umso besser!

Manfred Pfaffenberger

6. „RechtSchreiben mit Lust und Hirn"

6.1 Vom richtigen Umgang mit der Rechtschreibung

Wenn jemand einen Text verfasst, so erwartet man sich, dass er dabei nach Möglichkeit keine Fehler macht, also Verstöße gegen die Schreibrichtigkeit vermeidet.

Man könnte auch sagen: Rechtschreibfehler werden als störend, wenn nicht gar als peinlich empfunden.

Wer die Erwartungshaltung der Gesellschaft richtig einschätzt, der weiß, dass es vielfach als „Schande" empfunden wird, wenn jemand nicht rechtschreiben kann, jedenfalls werden einschlägige Verfehlungen oft streng gemaßregelt.

Trotz mancher Zweifel in der Vergangenheit, ist man sich heute der Bedeutung des Rechtschreibens bewusst und hat gleichzeitig erkannt, dass die Beherrschung des orthografischen Systems nicht dem Selbstzweck dient.[29]

Da wir überdies mit einem veränderten Textbegriff konfrontiert sind – sogar Mitteilungen und kurze Notizen haben Textanspruch – bekommt das richtige (rechte) Schreiben einen entsprechenden Stellenwert.

Auch die Schule trägt diesem Umstand Rechnung. Sie hat die „Motivierung zum normgerechten Schreiben" als besonders wichtige Aufgabe erkannt.[30]

29 Josef Freund, Deutschunterricht in der Grundschule in Österreich. Europ. Verlag der Wissenschaften, Frankfurt 1995

30 Ludwig Boyer, Beitrag „Rechtschreiben" im Kommentar zum Lehrplan der Volksschule. ÖBV, Wien 1990, S. 320

Die Erweiterung der Sprachfähigkeit durch das Lesen- und Schreibenlernen in der Elementarklasse eröffnet dem Schüler eine weitgehend unbekannte, neue Dimension der Sprache.

Wenn man sich vor Augen hält, dass die Auseinandersetzung mit Sprache in der Vorschulzeit vorwiegend im mündlichen Bereich erfolgt, so kann man ermessen, welche Abstraktionsleistung das Kind erbringen muss, wenn ihm bewusst gemacht wird, dass Sprache auch in einem anderen Zeichensystem existiert.

Und dieses andere System, ein System von Schriftzeichen (Buchstaben), sollte es in der Folge möglichst fehlerfrei beherrschen, also normgerecht anwenden können, damit seine Texte auch von den Lesern entschlüsselt werden können.

Dabei sind es aber gerade die orthografischen Kenntnisse der Kinder, die uns Kopfzerbrechen machen, weil (so hört man häufig)

- die Schüler in der Schule nicht mehr rechtschreiben lernen,
- es den Eltern gleichgültig ist, ob sie es können und daher nicht mehr mit ihnen üben,
- es ohnehin niemand gibt, der die vielen Regeln und Ausnahmen kennen kann, und
- die Neuregelung unseres orthografischen Systems völlig unzureichend ist.

Starke Behauptungen, die aber vielfach kolportiert werden und deren Unsachlichkeit Entgegnungen herausfordert.

Wie immer, wenn die Gesellschaft Defizite ortet, ist der Sündenbock Nummer eins die Schule. Diese versucht die Schuld auf die Eltern abzuwälzen, indem sie ihnen zu geringe Kooperationsbereitschaft vorwirft.

Die Schulpartnerschaft, also die Zusammenarbeit zwischen Eltern, Lehrern und Schülern, wird auf dieser Basis wohl kaum funktionieren.

Und wenn sich die Gescholtenen gegen diese ungerechtfertigten Vorwürfe zur Wehr setzen, dann bietet sich mit der Neuregelung der Rechtschreibung ein geradezu idealer Prügelknabe an, der sich gegen derartige Schuldzuweisungen nicht helfen kann.

So beklagen wir Zustände, begründen sie mit verschiedenen Umständen, doch zu wenige werden initiativ, um eine Änderung herbeizuführen, denn es müsste noch viel mehr getan werden, um wirklich dauerhafte Abhilfe schaffen zu können.

Noch mehr Eltern, Lehrer, aber auch die Kinder selbst sollten bereit sein, ihren Beitrag zu leisten, damit die schriftlichen Produkte den orthografischen Normen gerecht werden.

Folgende Fragen drängen sich auf:

1. **Warum muss man überhaupt normgerecht schreiben?**
2. **Was macht das Rechtschreiben eigentlich so schwierig?**
3. **Was leistet die Schule bei der Vermittlung von Rechtschreibkenntnissen?**
4. **Was können die Eltern tun, um ihren Kindern zu helfen?**
5. **Was bringt die Neuregelung und wie kann sie umgesetzt werden?**

6.2 Warum muss man überhaupt normgerecht schreiben?

Die Verständlichkeit von Texten, die in kommunikativer Absicht verfasst werden, ist ja nicht nur davon abhängig, *was* jemand schreibt und *wie* er sich ausdrückt, sondern auch davon, ob er den vereinbarten Code (das normgerechte Schreiben) beherrscht.

Unzureichende Fähigkeiten auf diesem Gebiet führen zwangsläufig zu Verständigungsproblemen, im Extremfall zum Zusammenbruch der schriftlichen Kommunikation.

Es ist daher wichtig, die Kinder davon zu überzeugen, dass die Orientierung an einem orthografischen System notwendig ist.

6.3 Was macht das Rechtschreiben eigentlich so schwierig?

Die Antwort ist rasch gefunden, und alle, die beim Erlernen des Rechtschreibens viel Mühe hatten, kennen sie:

Das System der deutschen Orthografie ist äußerst kompliziert, weil es sich an einer ganzen Reihe von Grundsätzen orientiert. Da diese Prinzipien aber einander in ihrer Wirksamkeit oft überschneiden, gibt es eben nicht nur *Regeln,* die uns bei der Anwendung helfen sollen, sondern auch jede Menge *Ausnahmen.*[31] Wir müssen uns damit abfinden, dass wir es mit einem außerordentlich komplexen Regelwerk zu tun haben, das im Laufe der Zeit (unser Rechtschreibsystem stammt weitgehend aus der Zeit um die Jahrhundertwende) so unüberschaubar geworden ist, dass es wohl kaum jemand – einige Sprachwissenschafter ausgenommen – komplett beherrschen kann.[32]

31 Josef Freund/Franz Jarolim, Lehrerhefte zu Deutsch 2 und 4. ÖBV, Wien 1992, S. 10 ff.

32 Helmers, Didaktik der deutschen Sprache. Klett, Stuttgart 1984, S. 184 ff.

Eine weitere Schwierigkeit besteht darin, dass das Erkennen und Anwenden von Rechtschreibregeln teilweise grammatischer Kenntnisse bedarf, die vielfach nicht vorausgesetzt werden können.

Zudem bringt die im Juli 1996 beschlossene Neuregelung für alle, die umlernen müssen, zusätzliche Probleme, wenngleich einige Bereiche eine Vereinfachung erfahren haben.

6.4 Was leistet die Schule bei der Vermittlung von Rechtschreibkenntnissen?

Der Schule fällt sicher die schwierigste Arbeit zu.

Sie muss die Kinder nicht nur zum normgerechten Schreiben motivieren (was deswegen nicht einfach ist, weil vom Lehrstoff des Rechtschreibunterrichts wenig Anreize ausgehen), sondern auch noch versuchen, die nahezu unlösbare Aufgabe durch eine abwechslungsreiche und didaktisch fundierte Gestaltung von Lernprozessen zu bewältigen.

Das Wissen um die Schwierigkeiten bei der Vermittlung der Rechtschreibkenntnisse zeichnet den guten Lehrer aus. Planmäßig intendierter Unterricht und die gezielte Anwendung der Erkenntnisse der Lernpsychologie können den Erfolg der schulischen Bemühungen zwar nicht garantieren, mit Sicherheit aber wesentlich beeinflussen.

Wenn es darüber hinaus auch noch gelingt, die Schüler davon zu überzeugen, dass sie selbst die Verantwortung für ihre schriftlichen Erzeugnisse übernehmen sollen, ist eine der wichtigsten Voraussetzungen für die kontinuierliche Weiterentwicklung der orthografischen Fähigkeiten gegeben.

Man muss sich aber dessen bewusst sein, dass diese hochgesteckten Ziele nur mit gemeinsamen Anstrengungen aller Schulpartner erreicht werden können.

6.5 Was können die Eltern tun, um ihren Kindern zu helfen?

Die Zauberformel lautet:

Vergessen, informieren und **helfen!**

Vergessen sollen Eltern ihre eigenen – vielleicht unliebsamen – Erfahrungen aus ihrer Schulzeit.

Informieren sollen sich Eltern darüber, welche neuen didaktischen Erkenntnisse es für das Erlernen des Rechtschreibens gibt, was wieder die Basis dafür ist, dass sie ihren Kindern *helfen* können, sich im Dschungel des orthografischen Systems zurechtzufinden.

7. Zur Didaktik des Rechtschreibenlernens

7.1 Wie sich das Rechtschreibgewissen entwickelt

Rechtschreiben lernen ist dann besonders effektiv, wenn die Kinder dazu angehalten werden, ein *„Rechtschreibgewissen"* zu entwickeln. Es darf ihnen nicht gleichgültig sein, ob das, was sie schreiben, den rechtschriftlichen Normen gerecht wird oder nicht.

Rechtschreiben lernen ist ein äußerst schwieriger Prozess, der sich aus mehreren Komponenten zusammensetzt.[33]

Voraussetzung für das Entstehen der „orthografischen Leitschemata" (damit sind jene rechtschriftlichen Strukturen gemeint, die

33 Helmers, 1984, S. 190 und 191

sich das Kind mit Hilfe verschiedener Methoden allmählich einprägen soll) ist die Beherrschung der Wörter in der *Standardsprache.* Darunter versteht man jene Sprachebene, auf der die überregionale Kommunikation ermöglicht wird.

Das Rechtschreibenlernen scheitert auch oft daran, dass ein Kind Wörter, die dieser Sprachebene angehören, nicht versteht.

Umgangssprachliche Redeweisen erschweren den Zugang bei der schriftlichen Übertragung standardsprachlicher Strukturen. Die Kinder müssen Wörter, die sie richtig schreiben lernen sollen, zuerst einmal verstehen. Ist diese Hürde geschafft, müssen folgende *Einprägungskomponenten* Berücksichtigung finden:

akusto-sprechmotorische

visuelle

kognitive

und
schreibmotorische

Nur durch die Beteiligung *aller* Komponenten wird die Bewältigung des Lernprozesses ermöglicht.

Das Kind muss also die *Bedeutung der Wörter kennen,* sie *optisch erfasst, akustisch und sprechmotorisch durchgliedert* und oftmals *aufgeschrieben* haben.

Zusätzlich soll die eminent wichtige *kognitive Komponente* dafür sorgen, dass durch die Orientierung an einer gemeinsam erarbeiteten *Regel* das Denken nicht zu kurz kommt.

Freilich wird es von der rechtschriftlichen Eigenart des jeweiligen Wortes abhängen, ob *einem* der genannten Faktoren ein besonderer Vorzug gegeben werden muss.

Einige Beispiele sollen dies konkretisieren.[34]

Die akusto-sprechmotorische Komponente steht im Vordergrund:
bei der
Unterscheidung bestimmter Laute (k-g, p-b, t-d)
und beim
Erkennen von Kürzung (Bitte) und Dehnung (Lied).

Die visuelle Komponente steht im Vordergrund:
beim
Erfassen der Wortstruktur durch einen Wortrahmen
z. B.

V a t e r

beim Kennzeichnen der Länge der Buchstaben
z. B.

s p i e l e n 

beim Hervorheben des rechtschriftlichen Problems
z. B.

M u t t e r

beim Erkennen der Anzahl der Silben eines Wortes
z. B.

B u c h , B l e i s t i f t , F ü l l f e d e r . . .

beim Erkennen der einzelnen Wörter einer „Wörterschlange“
z. B.

s p i e l e n | e s s e n s c h l a f e n f e r n s e h e n . . .

34 Freund/Jarolim, S. 10 ff.

Die kognitive Komponente steht im Vordergrund:
Schon Grundschulkinder können Analogieschlüsse herstellen und dadurch zu ersten Erkenntnissen kommen, die zur Bildung von Regeln führen können.
z. B.

Ast – Äste, Apfel – Äpfel, ...
Baum – Bäume, Raum – Räume, ...

Durch das Aufschreiben derartiger Analogiereihen prägt sich das jeweilige Rechtschreibproblem besser ein, und eine einfache Regel könnte entstehen.

Die **schreibmotorische Komponente** ist *immer* von Bedeutung, da durch das wiederholte Schreiben der Bewegungsablauf gespeichert wird und später reproduziert werden kann.

Zusammenfassend sei noch einmal darauf hingewiesen, dass beim erfolgversprechenden Rechtschreibenlernen folgende Tätigkeiten zusammenwirken müssen:[35]

hören/sprechen – schauen – denken und **schreiben**

Aber wenn man trotz allem nicht weiß, wie ein Wort richtig geschrieben wird, wenn man es gar mit sprachlichen Besonderheiten oder Ausnahmen zu tun hat, dann bleibt immer noch die *Möglichkeit des Nachschlagens.*

Das „Vermitteln einer geläufigen Nachschlagetechnik“ ist sicher eine der wichtigsten Aufgaben, die in der Schule gelehrt, aber auch von den Eltern gefördert werden muss.

35 Greil, Rechtschreiben in der Grundschule. Auer Exempla 31, Donauwörth 1989, S. 41

Nachschlagen muss man können, um es ganz selbstverständlich in Anspruch zu nehmen. Oft scheitert es nur daran, dass Kinder das Alphabet nicht gut genug beherrschen.

Da lässt sich aber leicht Abhilfe schaffen.

Und um zu wissen, woran man ist, könnte man sich einen Überblick über den Leistungsstand der Kinder verschaffen, indem man ihnen ein „Testblatt" vorlegt, mit dem sie sich sicher gerne befassen werden.[36]

Teste dich selbst!

Ergänze die fehlenden Buchstaben des Alphabets!

A			D		F				J			M
	O			R				V			Y	

Bringe die Buchstaben in die richtige Reihenfolge!

A	C	B	D

F	G	E	H

K	I	L	J

Wie heißen die Nachbarbuchstaben?

	E	

	S	

	P	

Schreibe die Namen der abgebildeten Gegenstände auf und ordne sie nach dem Alphabet!

Ball, ...

Schon ein einfacher „Test" wie dieser, der beliebig erweitert werden kann, ist geeignet, Defizite zu orten, die in weiterer Folge kompensiert werden können.

36 Greil, 1989, S. 260 ff.

7.2 Mit Sicherheit das Alphabet beherrschen

Was man alles tun kann, um dem Kind mehr Sicherheit bei der Beherrschung des Alphabets zu vermitteln.

Gemeinsam einen Nonsenstext erarbeiten, der aus Wörtern besteht, deren Anfangsbuchstaben den Buchstaben des Alphabets (in der richtigen Reihenfolge) entsprechen.

Anfangs **b**lieb **C**hristian **d**abei. **E**r **f**ürchtete **g**eradezu **H**ausübungen **i**n **j**eder **K**lasse. **L**ieber **m**achte **N**ina **o**hne **P**ause **Q**uadrate. **R**udi **s**pielte **t**äglich **U**nterhaltungsmusik. **V**orbildlich **w**ie **X**aver, **Y**vonne (und) **Z**enzi.

Namen in der Reihenfolge des Alphabets schreiben.

Andreas, **B**ernhard, **C**hristine, **D**oris, **E**lisabeth, **F**ranz, **G**ustav, . . .

Ordnungsübungen

B Z F S I T D M H U L W N X J K C P E Qu A V G O R Y

A B ....

„Geheimschrift" (Jede Zahl entspricht einem Buchstaben.)

A B C D E F ....

1 2 3 4 5 6 ....

Wer ist das?	22 1 20 5 18	= VATER
	13 21 20 20 5 18	=

(Der Code kann auch für das Schreiben von Texten angewendet werden.)

Eine besonders anspruchsvolle Aufgabe stellt das Verfassen eines Gedichts dar.

z. B.

A B C,
die Kuh frisst gerne Klee.
D E F G H;
bald ist nichts mehr davon da . . .

7.3 Spielerisches Lernen

Wie Eltern noch helfen können.

Die Zauberformel lautet: *„Spielerisches Lernen.“*[37]

Lernen wird seit jeher als angenehm empfunden, wenn einem gar nicht bewusst wird, *dass* man lernt. Das Spiel mit seinen verschiedensten Formen bietet für das Erlangen von Rechtschreibkenntnissen eine große Fülle von Anregungen.

Was man dazu braucht, das kann man ohne viel Mühe selbst anfertigen (z. B. Bilder aus Zeitschriften ausschneiden), oder man bedient sich aus dem Spielemagazin der Kinder.

Z. B. Bildkarten auflegen und die entsprechenden Wörter darunter schreiben.

37 Wagner, Formen spielerischen Lernens im Deutschunterricht der Grundschule. Prögel Praxis 89. Oldenbourg 1990, S. 87 ff.

usw.

Anschließend können die Wörter nach dem Alphabet geordnet werden.

Für ältere Kinder (etwa ab dem 8. Lebensjahr) eignen sich folgende Spiele:

Memory, Schnipp-Schnapp, Quartett, Buchstabenwürfel u. dergl.

Der Einsatz dieser Materialien soll unter verschiedenen Aspekten und in verschiedenen Situationen erfolgen, immer aber mit dem Ziel, den Kindern das *Einprägen rechtschriftlicher Strukturen* zu erleichtern. Dem Einfallsreichtum sind keine Grenzen gesetzt, sofern alle Faktoren des Lernprozesses Brücksichtigung finden (hören/sprechen – schauen – denken – schreiben).

Das ist nur eine kleine Auswahl von unzähligen Möglichkeiten. Viele Verlage haben es sich zur Aufgabe gemacht, für das spielerische Lernen Materialien zu entwickeln, die nicht nur in der Schule, sondern auch von den Eltern eingesetzt werden können.

Die ungeheuerlichen Riesenpuzzles

Die Figur des „kleinen grünen Drachen“ motiviert Kinder zum Zusammensetzen von einer ganzen Reihe von Bildern mit altersadäquaten Themen („Meine Freunde“, „Das Frühstück“ . . .).[38]

38 Klaus Baumgart, Meine Freunde, Das Frückstück. Riesenpuzzles, hpt-breitschopf, Wien 1995

Lernspiele von G. Schmölzer[39]

- Rätsel- und Scherzfragen (Frage- und Antwortspiel)
- Merk es dir! (Memory-Spiel zur Wortschatzerweiterung)
- Eins aus Zwei (zusammengesetzte Wörter)
- Wörter Mambo (Sprechen, Lesen, Rechtschreiben)
- Roter Kater (Wortbildung – Wortbedeutung)
- Der lustige Wörter-Willi (Funktion des Eigenschaftswortes)

7.4 Der Lösung auf der Spur

Einen besonderen Stellenwert haben seit jeher *Rätsel.*[40]

Sie eignen sich ganz besonders gut, den optischen, kognitiven und schreibmotorischen Aspekten des Lernens gerecht zu werden.

Z. B. Kastenrätsel (Wörter mit „ck")

Behälter			ck		
Hund			ck		
sekkieren			ck		
schauen			ck		

Silbenrätsel

Man	Schür	Hau	Ho
ze	be	se	tel

Mantel, ...

39 Gunthilde Schmölzer, Lernspiele. Hölder-Pichler-Tempsky, Wien 1995

40 Wagner, 1990, S. 99 ff.

„Purzelwörter"

(Die Kontur des gesuchten Gegenstandes hilft beim Erkennen des Wortes.)

7.5 Diktieren

Unter den vielen Möglichkeiten, sich mit Rechtschreiben auseinander zu setzen, gibt es auch eine, die immer wieder heftig diskutiert wird: *das Diktieren*.[41]

Das Diktat ist sicher ein sehr gutes Mittel, um sich einen Überblick über die orthografischen Leistungen eines Kindes zu verschaffen. Wer aber glaubt, dass es dazu geeignet ist, Rechtschreibkenntnisse zu *erarbeiten,* der begeht einen verhängnisvollen Irrtum.

Der besondere Wert des Diktats besteht darin, dass die Ergebnisse zeigen, welche Probleme schon bewältigt worden sind und woran noch gearbeitet werden muss.

Als Instrument für Lehrzielkontrollen kann es daher wertvolle Aufschlüsse für die weitere Vorgangsweise liefern.

7.6 Fehler, Fehler, Fehler . . .

Was ist aber zu tun, wenn das Kind trotz aller Bemühungen, Fehler zu vermeiden, Fehler macht?

41 Greil, 1989, S. 181

Jeder, der sich der Schwierigkeiten bewusst ist, die bei der Vermittlung von Rechtschreibkenntnissen auftreten, muss mit Fehlern rechnen und sich überlegen, wie man ihnen beikommen kann.[42]

Einen korrigierten Text zu verbessern, ohne sich Gedanken über die *Ursachen der Fehler* zu machen, kann wohl kaum als zielführende Maßnahme verstanden werden.

Wer um die verschiedenen Fehlerkategorien weiß, der findet auch den richtigen Schlüssel, um die Verstöße gegen die Schreibrichtigkeit in den Griff zu bekommen.

Man unterscheidet:

.) Aufmerksamkeitsfehler
.) Denkfehler
.) Lautierhaltungsfehler

Fehler der ersten Kategorie entstehen **bei mangelnder Aufmerksamkeit** des Schreibers. (Silben werden ausgelassen oder wiederholt u. dergl.)

Sei es ein genereller Konzentrationsmangel, sei es das plärrende Radio, das eingeschaltete Fernsehgerät oder eine der vielen anderen Möglichkeiten, die geeignet sind, das Kind abzulenken – all das kann mit einigen relativ einfachen Maßnahmen geregelt werden: Konzentrationsübungen und Ausschalten der Störfaktoren!

Denkfehler sind schon schwerer auszumerzen, da sie auf die unzureichende kognitive Beteiligung des Schreibers zurückzuführen sind.

Es bleibt also gar nichts anderes übrig, als die für die Fehler

42 Ernst Pacolt, Der Rechtschreibfehler – Analyse in Erziehung und Unterricht 2/1980, S. 99 ff.

verantwortlichen Defizite zu kompensieren (durch Wiederholung der betreffenden Kapitel, die für das Entstehen derartiger Fehler geradezu prädestiniert sind, wie z. B. die Groß- und Kleinschreibung und die s-Schreibung).

Lautierhaltungsfehler lassen darauf schließen, dass die richtigen Wortstrukturen noch nicht erfasst wurden.

Die Zuordnung von Schriftzeichen und Lauten ist noch nicht bewältigt, und es entstehen typische Fehler, wie z. B.

schpielen, kahm ...

Der Schreiber orientiert sich zu sehr an der Aussprache der betreffenden Wörter, und es bedarf der intensiven Übung unter Berücksichtigung aller Einprägungsfaktoren, damit das richtige orthografische Leitschema entstehen kann.

Konsequenzen, die sich aus diesen Erkenntnissen für die *Verbesserung* ergeben, sind in der Eigenart der jeweiligen Fehler begründet:

Bei Aufmerksamkeitsfehlern wird es ausreichen, sich die betreffenden Verstöße bewusst zu machen.

Bei Denkfehlern wird nach der erwähnten gründlichen Wiederholung der betreffenden Kapitel das Verbessern in Sinnzusammenhängen erforderlich sein, damit es nicht neuerlich zu Problemen kommt.

Bei Lautierhaltungsfehlern müssen die richtigen Wortstrukturen nach der akustisch-sprechmotorischen und optischen Analyse mehrmals aufgeschrieben werden.

Sehr gut bewährt hat sich im Zusammenhang mit der Fehlerverbesserung die Arbeit mit der *Rechtschreibkartei*.

7.7 Die Rechtschreibkartei

Die Rechtschreibkartei enthält eine dem Lern- und Übungsbedarf entsprechende Zahl von Karteikarten im Postkartenformat.

Damit das Kind selbständig damit arbeiten kann, finden sich auf der ersten Karte die erforderlichen Anweisungen. Z. B.

1. In die Kartei wird nur das aufgenommen, was öfter falsch geschrieben wird.
2. Rechtschreibproblem zuordnen!
3. Fehler verbessern! (Wörter mehrmals untereinander aufschreiben!)
4. Schwierigkeiten hervorheben!
5. Andere Beispiele eintragen
6. Regel festhalten!
7. Übungen auf der Rückseite der Karte durchführen!
8. Kontrolle auf der Vorderseite!

Die Karteikarten werden in einer Schachtel mit 6 Fächern aufbewahrt. Die jeweils bearbeitete Karte wandert bei der Kontrolle in das nächste Fach, muss aber zurückgereiht werden, wenn die Übung falsch ist. Das Problem ist erst dann gelöst, wenn die Karte im letzten Fach gelandet ist.

Für das Erkennen des jeweiligen Rechtschreibproblems kann ein altersadäquates Lehrbuch herangezogen werden. Allenfalls wird das Kind am Anfang auf die Hilfe der Eltern angewiesen sein.

Nach der Selbstkontrolle werden die Karten nach Anweisung eingeordnet.

Die im Handel erhältlichen Rechtschreibkarteien haben den Vorzug, dass sie die einzelnen Problemfelder bereits auf eigenen Karten beispielhaft aufbereitet haben.

Z. B. Rechtschreibkartei von Boyer/Freund/Hiebl[43]

43 Boyer/Freund/Hiebl, Rechtschreibkartei. Jugend und Volk, Wien 1982

8. Zehn goldene Regeln für Eltern!

10 Regeln für Eltern, die ihren Kindern beim Rechtschreibenlernen helfen wollen

Reagieren Sie auf Fehler nicht ungehalten!

Machen Sie Ihrem Kind Lernfortschritte bewusst!

Vergewissern Sie sich, dass Ihr Kind die Bedeutung des Wortes, das es sich einprägen soll, auch kennt!

Stellen Sie sicher, dass beim Lernen alle Einprägungsfaktoren (sprechen/hören, schauen, denken, schreiben) berücksichtigt werden!

Ermutigen Sie Ihr Kind in Zweifelsfällen zum Gebrauch des Wörterbuchs!

Ermöglichen Sie Ihrem Kind durch entsprechende Aufgaben=stellungen eigenverantwortliches Lernen (Selbstkontrolle)!

Helfen Sie Ihrem Kind, seine speziellen Rechtschreibprobleme zu erkennen!

Suchen Sie vor der Verbesserung nach der Ursache des Fehlers!

Orientieren Sie sich bei der Verbesserung an der Art des Fehlers (Lautierhaltungsfehler, Denkfehler, Aufmerksamkeitsfehler)!

Ermöglichen Sie IhremKind durch die gezielte Auswahl von vielfältigem Material abwechslungsreiches Üben!

9. „Legastheniker“

Sehr viel, zum Teil auch Widersprüchliches, wurde zu diesem Thema veröffentlicht.

Worum geht es eigentlich?

Die *Legasthenie* wird – und da stimmen die verschiedenen Auslegungen weitgehend überein – als *Schreibleseschwäche* definiert.[44]

Die Ursache für das Auftreten dieses Phänomens hat, wie man mittlerweile weiß, nichts mit mangelnder Intelligenz zu tun, sondern ist u. a. in einer Unzulänglichkeit beim Herstellen sogenannter Raum-Lage-Beziehungen begründet.

Wenn nun ein Kind die typischen Merkmale der Schreibleseschwäche zeigt (. . . Vertauschen und Verwechseln ähnlicher Buchstaben), dann bedeutet das, dass intensiveres und vor allem fachspezifisches Üben erforderlich ist.

Dafür gibt es in jeder Schule Fachleute, die das Problem in eigenen Kursen in Angriff nehmen, die aber sicher auch bereit sind, den Eltern Materialien zu nennen, die zur individuellen Betreuung geeignet sind.

Z. B. Der total verrückte Rollmops (BUCH CD): Der neuartige Medienverbund leistet Beiträge zur Bewältigung der visuellen und akustischen Faktoren des Rechtschreibenlernens und ist daher besonders für „Legastheniker“ geeignet.[45]

44 Helmers, 1984, S. 201 ff.

45 Edith Thabet, Der total verrückte Rollmops. hpt-breitschopf, Wien 1995

10. Die neue Rechtschreibung

10.1 Was bringt die Neuregelung und wie kann sie umgesetzt werden?

Durch die zum Teil sehr kritische Stellungnahme der Medien war nicht zu übersehen, dass da einiges auf uns zukommt.

Konstruierte Sätze wie z. B. in der Wochenzeitschrift News 36/96

„Die bel**ä**mmerte G**ä**mse kaut genü**ss**lich am r**au**en St**ä**ngel"

schufen das Horrorszenario einer Reform, die mit der Schlagzeile

„CHAOS AN DER TAFEL"

medienwirksam unters Volk gebracht wurde.[46]

Es ist keine Frage, dass sich viele Sprachwissenschaftler und vor allem auch jene, die damit beauftragt sind, die Neuregelung umzusetzen, eine tiefer greifende Veränderung gewünscht hätten.

Warum hat man das **„ß"** nicht gleich zur Gänze abgeschafft?
Warum hat man sich nicht zur konsequenten **Kleinschreibung** bekannt?
Warum gibt es wieder Regeln **und** Ausnahmen?

Wer sich darüber Gedanken macht, findet auch die passende Antwort:

46 News 36/96

Reformen haben nicht nur eine wissenschaftliche, sondern immer auch eine politische Dimension, und wer weiß, dass nicht weniger als acht Staaten an den Beratungen beteiligt waren (Deutschland, Österreich, die Schweiz, Luxemburg **und** vier weitere Staaten mit deutschsprachigen Minderheiten), der ist sich darüber im Klaren, dass nur ein Kompromiss herauskommen konnte.

Es nützt der Sache wenig, das Ergebnis zu beklagen, es liegt an uns allen, die Reform mitzutragen und umzusetzen.

Und so schlimm, wie allerorten getan wird, ist es ja auch wieder nicht, was wir zu bewältigen haben.

Bei der Analyse eines 7000 Wörter umfassenden Manuskripts einer Jugendzeitschrift wurde festgestellt, dass eine Anpassung an die Neuregelung in nur 42 (!) Fällen erfolgen musste, also sind offensichtlich nicht allzu viele Änderungen passiert.[47]

Konkret sind einige Korrekturen vorgenommen worden, die in den einzelnen Bereichen unseres orthografischen Systems mehr Klarheit schaffen konnten.

Die folgende **Zusammenstellung der wichtigsten Änderungen** soll einer ersten Orientierung dienen, erhebt aber keinen Anspruch auf Vollständigkeit.[48]

Für schwierige Fälle und Ausnahmen empfiehlt sich u. a. das Studium bzw. die Anschaffung folgender Bücher:

Broschüre „Rechtschreibung neu/Eine Einführung in die neue Orthografie" von Ebner/Fussy, erschienen bei ÖBV, Wien 1996

Österreichisches Wörterbuch (Neuauflage für den Herbst 1997 angekündigt)

47 Textanalyse. Jung Österreich 9/96

48 Karl Blüml, Broschüre zur Rechtschreibreform, 1996

10.2 Die wichtigsten Änderungen

NEUREGELUNG DER DEUTSCHEN RECHTSCHREIBUNG
September 1996
DIE WICHTIGSTEN ÄNDERUNGEN

1. Groß- und Kleinschreibung

NOMEN (Substantive/Hauptwörter)

Modifizierte Großschreibung, d. h. Ausschaltung der Zweifelsfälle durch Großschreibung aller nominal verwendeten Wörter,

z. B. für Nomen und Nominalisierungen in festen Wendungen:

*im **A**llgemeinen, der/die **E**rste, **J**ung und **A**lt, des **Ö**fteren, nichts **W**ichtiges, alles **Ü**brige, in **B**ezug auf, **R**echt haben, **A**ngst machen . . .*

Entscheidungskriterien in den übrigen Fällen: vorausgehender Artikel, vorausgehendes Pronomen oder unbestimmtes Zahlwort; vorangestelltes oder nachgestelltes Attribut.

Groß schreibt man die Tageszeiten nach *gestern, heute, morgen:*

*gestern **M**ittag, heute **N**achmittag, morgen **A**bend . . .*

Klein schreibt man weiterhin: ***a**ngst, **s**chuld . . .* in Verbindung mit **sein** – weil als Adjektiv gebraucht.

*Er ist **s**chuld daran.*

Vier scheinsubstantivierte Adjektive (Pronomen) schreibt man immer noch **klein:**

***v**iel(es), **w**enig(es), (der/die/das) **e**ine, **a**ndere (dazu: das **m**eiste, die **w**enigsten)*

Klein schreibt man Wendungen mit Präposition, aber ohne Artikel:

*von **n**euem, bis auf **w**eiteres, seit **l**angem, von **n**ah und **f**ern . . .*

Klein schreibt man Superlative, wenn *am* nicht durch *an/auf dem* ersetzt werden kann:

am schnellsten, am ruhigsten . . .

ANREDEPRONOMEN

Groß geschrieben wird nur noch **Sie** (mit allen dazugehörigen Formen) – und zwar immer.

2. Zeichensetzung

Vor Nennform-, Mittelwort- und vergleichbaren Adjektivgruppen ist das **Komma nicht vorgeschrieben,** ebensowenig vor *und/oder (u. ä.),* auch wenn damit ein neuer Hauptsatz angeschlossen wird.

Wenn einer direkten Rede der Begleitsatz nachfolgt, kommt **immer** Beistrich:

„Gib doch Ruhe!", rief sie.

3. Worttrennung am Zeilenende

Trennung grundsätzlich nach Spr**e**chsilben: z. B. Pä-da-go-gik (bisher: Päd-ago-gik)

Die Regel, dass von mehreren Konsonantenbuchstaben der letzte auf die neue Zeile kommt, gilt künftig **ausnahmslos,** also auch *st* wird getrennt: z. B. *Wes-te.*

ck wird wie *ch* behandelt: z. B. *Zu-cker.*

4. Getrennt- und Zusammenschreibung sowie Bindestrich

Grundsätzlich soll der **Getrenntschreibung** der Vorzug gegeben werden,

z. B. **Verb (Nennform) + Verb** *(stehen bleiben . . .) oder*

Verbindungen aus *aneinander . . .* + **Verb** *(aneinander geraten . . .)*

Fügungen mit *sein (da sein, sie ist da gewesen . . .)*

Nomen + Verb *(Maß halten, Rad fahren, Kopf stehen, Ski fahren, Eis laufen . . .)*

aber

Zusammenschreibung von Adjektiv/Adverb + Verb:

z. B. Wenn der erste Bestandteil nicht steigerbar ist *(fernsehen, wahrsagen . . .).*

In den übrigen Fällen schreibt man getrennt:

freisprechen (einen Angeklagten) aber

frei sprechen (freier = ohne Manuskript).

Adjektive auf *-ig, -isch* und *-lich* werden von einem folgenden Verb oder Adjektiv **getrennt geschrieben** (ebenso Partizipien auf *-end, -en, -t*): *fertig machen; siedend heiß . . .*

Wenn der zweite Bestandteil ein Partizip ist, wird so wie in der Nennform geschrieben: *Aufsehen erregend* wie *Aufsehen erregen . . .*

Alle Verbindungen von *wie, so (ebenso, genauso), zu (allzu)* mit Adjektiven schreibt man getrennt: *wie viel(e), genauso viel(e), allzu groß.*

Alle Verbindungen mit *irgend* werden immer **zusammengeschrieben:** *irgendeiner, irgendetwas . . .*

Der **Bindestrich** kann (zur Erleichterung der Sinnerfassung) relativ frei in zusammengesetzten Wörtern eingesetzt werden: *Ich-Form (Ichform), Imbiss-Stube (Imbissstube) . . .*

5. Schreibung der Wörter (Laut-Buchstaben-Beziehungen)

s-Schreibung:

ß soll nur noch nach langem Vokal (und Diphtong) geschrieben werden *(Maß, gießen . . .);*

Nach kurzem Vokal wird im Falle der Schärfung in allen Positionen *ss* **geschrieben,**

z. B. *Fluss – Flüsse, lassen – lässt.*

Das gilt auch für die Konjunktion *daß > dass!*

Wenn bei Zusammensetzungen mehrere Konsonantenbuchstaben aufeinandertreffen, sollen sie **immer** erhalten bleiben,

z. B. *Schifffahrt, Balletttanz, Schritttempo . . . , Zierrat, Rohheit (= roh + heit) . . .*

Die Systematik von **Schreibung verwandter Wörter wird verstärkt,**

z. B. *schnäuzen, Stängel, nummerieren, Gämse, Wechte, platzieren, Ass, Känguru . . .*

(Doppelschreibungen: *aufwändig/aufwendig, Schänke/Schank, selbstständig/selbständig)*

6. Fremdwortschreibung

In den Wörterbüchern sollen zunächst die derzeit noch üblichen originalen Schreibungen an erster Stelle erscheinen, die neu eröffneten Integrationsschreibungen als akzeptierte Variante an zweiter.

***

In vielen Schulen haben es sich die Lehrer zur Aufgabe gemacht, den Schülern schon jetzt die neuen Regeln zu vermitteln.

Offizieller Änderungsbeginn ist der 1. August 1998, und nach einer Umstellungsphase, die im Jahr 2005 abgeschlossen sein wird, ist die Neuregelung für Schulen und Ämter verbindlich.

Da man keine Umlerner produzieren will, wird der Unterricht nach den neuen Regeln ab sofort für die Schulanfänger empfohlen.

Die Umsetzung der Reform hängt also unmittelbar mit dem

Engagement der Schulpartner zusammen, und es ist zu hoffen, dass sich auch die Printmedien bald ihrer wichtigen Aufgabe bewusst werden, den Änderungen Rechnung zu tragen.

Erst wenn es in der Öffentlichkeit eine entsprechende Bereitschaft gibt, die Neuregelung anzuwenden, sind die Chancen für eine Umsetzung des Reformwerkes gegeben.

Die vollständige Bewältigung wird aber wohl jener Generation vorbehalten bleiben, die schon in der Elementarklasse mit den neuen Regeln konfrontiert wurde.

„Wer die häufigsten tausend Wörter unserer Sprache sowie deren Formen (!) orthografisch sicher beherrscht, ist etwa zu 80 Prozent rechtschreibsicher.[45]

Dieses Zitat verweist auf den hohen Anspruch, der bereits als Lernziel für die Rechtschreibkenntnisse des Grundschülers gefordert wird.

Allerdings gibt es einem zu denken, wenn man weiß, dass erst bei viertausend Wörtern von einer annähernden Beherrschung des orthografischen Systems gesprochen werden kann.

Sicher wird dieses Niveau von einem Großteil der Bevölkerung nicht erreicht, aber wir sollten stets bestrebt sein, unsere Rechtschreibkenntnisse kontinuierlich zu erweitern, damit die schriftliche Kommunikation auf der standardsprachlichen Ebene funktionieren kann.

Und dass dieses Funktionieren für den Einzelnen aber auch für die Gemeinschaft von besonderer Bedeutung ist, lässt sich daran erkennen, dass der Zugang unserer Gesellschaft zu weltweit umspannenden Informationssystemen nur über die korrekte Verwendung der schriftlichen Sprache möglich ist.

49 Greil, 1984, S. 49

Jutta Kleedorfer

11. Vom Wort zum Text

11.1 Wege zum Schreiben mit Erfolg

Der Unterschied[50]

„Was sind Worte?“

„Nicht ganz dasselbe wie Wörter.“

„Erklärst du mir den Unterschied? Aber bitte nicht zu wortreich!“

„Gut. Sagt man: ‚Jemand braucht gewinnende Wörter!‘?“

„Nein, er braucht gewinnende Worte.“

„Sagt man: ‚Das sind aber verletzende Wörter?‘“

„Nein, das sind verletzende Worte.“

„Also, nun kannst du den Unterschied selbst herausfinden.“

„Ja, Wörter . . . nun, Wörter . . . sind ohne Charakter, ohne Gefühl, ohne Zusammenhang zum Sprechenden. Worte hingegen sind immer bestimmt gemeinte, gute oder böse oder goldene oder die letzten Worte.“

„Buchstäblich!“

Auf der Grundstufe lernt ein Kind den Gebrauch konventioneller grafischer Zeichensysteme, d. h. es wird mit der Technik des Schreibens vertraut gemacht, es lernt das Schriftsystem zu beherrschen. Dabei soll es erfahren, dass Schreiben eine Form der Kommunikation und Dokumentation ist.

Ein nächster Schritt ist dann das Verfassen von Texten: Kinder erfahren auf der Grundlage ihrer natürlichen Mitteilungsbereitschaft und der erworbenen Fähigkeiten im Sprechen, Schreiben

50 Manz, 1978, S. 18

und Rechtschreiben zunehmend, sich selbständig zu äußern. Zuerst ganz individuell und ichbezogen, z. B. über persönliche Erlebnisse und Beobachtungen, aber auch partnerbezogen, indem Wünsche und Fragen geäußert werden, schließlich auch sachbezogen in der Auseinandersetzung mit einem bestimmten Thema.

Dabei werden die Grundsätze des monologischen Schreibens berücksichtigt, indem vor allem das Ich in den Mittelpunkt gestellt wird. Gerade das personale Schreiben eignet sich besonders, das eigene Ich bewusster zu machen, indem Gelegenheit geboten wird, von eigenen Erlebnissen, Erfahrungen, Gedanken, Wünschen und Träumen zu berichten oder zu erzählen.

So jedenfalls sieht es der Fachlehrplan für Deutsch/Schreiben vor.[51]

Aus pädagogischer Sicht ist die Schrift als Mittel des Ausdrucks die Fortsetzung des gesprochenen Wortes. Die natürliche Fortsetzung der Sprache als ein Kommunikationsmittel ist zunächst das Bild, die Zeichnung, später folgen dann bestimmte Zeichen und zuletzt der Text. Das sind auch die natürlichen Schritte, die zu einem Schreiben mit Lust führen.

Nicht die Übung von Regeln führt zum Text, sondern über Texte gelangt ein Kind zu den Regeln und Mustern. Nicht die Übung der Rechtschreibung und der Grammatik machen die Freude am Schreiben aus, sondern das Sich-ausdrücken-Wollen, das Bedürfnis Informationen weiterzugeben. Das Miteinander-Kommunizieren und die sprachlichen Interaktionen sind die Grundlagen, warum Schreiben als bedeutsam erlebt wird. Erst durch den Umgang damit und durch das Bedürfnis, sich über eigene Texte den anderen mitzuteilen, erwachsen Kenntnisse über Rechtschreibung und Grammatik.[52]

51 Lehrplan der Volksschule, S. 167 f.

52 Martin Merz, Lernen – ein Puzzlespiel. Veritas, Linz 1996, S. 16

11.2 Schreiben als ein „natürlicher Weg“

Der französische Pädagoge Célestine Freinet, der diesen „natürlichen Weg“ fand, erklärt es folgendermaßen: „Am Anfang jeder Eroberung steht nicht das abstrakte Wissen, – das kommt normalerweise in dem Maße, wie es im Leben gebraucht wird –, sondern die Erfahrung, die Übung und die Arbeit!“[53]

Dies ist ein sehr persönlicher, individueller Zugang zum Schreiben von Texten: Kinder filtern aus den Beispielen ihrer Erfahrung Merkmale des Schreibens heraus, die ihnen wichtig sind und die ihnen auf ihrem Entwicklungsstand zugänglich sind. Sie versuchen also, sich jeweils persönlich einen Reim auf ihre konkreten Erfahrungen zu machen.

„Kinder schreiben über das, was sie gerade interessiert. Es kann sich dabei um Erlebnisse handeln, aber auch um Träume, Fantasien, Beschreibungen, Gedanken, Gedichte. Es fällt Erwachsenen oft schwer zu sehen, was für ein Kind wichtig ist; durch diese Texte wird das Verstehen sehr erleichtert.“[54]

Solchen „freien Texten“ kommt nach Meinung der Freinet-Pädagogen geradezu therapeutische Funktion zu, bieten sie doch Kindern die Möglichkeit, persönlich wichtige Erfahrungen und Probleme auszudrücken. Diese stark an kommunikativen Gesichtspunkten orientierte Schreibpädagogik setzt schon viele sprachliche Fähigkeiten voraus.

Schreiben ist ein Lern- und Arbeitsprozess, der in Wellenbewegungen verläuft, wobei Kinder in einem ständigen Auf und Ab von Erfolgen und Misserfolgen das Gelernte erproben und Strategien entwickeln. Dieses „Wellenmodell“ ist als aktive Suchbewegung des Kindes zu begreifen, Umwege und Irrwege gehören

53 Célestine Freinet, Pädagogische Texte. rororo, Reinbek

54 Aida Vasquez, Vorschläge für die Arbeit im Klassenzimmer. Die Freinet Pädagogik. Rowohlt, Reinbek 1976

ebenso dazu wie die stetige Entwicklung oder das Überspringen ganzer Entwicklungsstadien auf dem Weg zur Schrift. „Jedes Kind muss seinen eigenen Weg finden. Schon die Ausgangspunkte unterscheiden sich, auch die Etappenziele. Einige Kinder scheinen Schnellstraßen zu erwischen, andere folgen verschlungenen Pfaden, berauf, bergab oder bleiben gar in Sackgassen stecken."[55]

Wenn Kinder zu schreiben beginnen, steht ihr Ich im Zentrum erster Wörter, Sätze und Texte. Das wichtigste Thema ist das Kind selbst. Nicht zufällig schreiben Kinder als erstes Wort ihren Namen als Zeichen der Identität. Nicht zufällig erschließen sie sich die ersten Buchstaben aus ihrem Namen und den Namen geliebter und nahestehender Personen oder Dinge. Schreibenlernen nach dem Spracherfahrungsansatz heißt, allen Kindern eigene, aktive Handlungs- und Erfahrungsmöglichkeiten im Zugang und im Umgang mit Schrift zu eröffnen.

Jedes Kind lernt und schreibt, weil es authentische Erfahrungen und Themen mitteilen und zum Ausdruck bringen will. Hat es erst einmal die kommunikative und soziale Funktion der Sprache und des schriftlichen Ausdrucks für sich entdeckt, dann kommt es dazu, dass es sich damit identifiziert und persönlich Bedeutsames in sprachliche Zeichen fasst.

Die Schule räumt Zeit und Gelegenheit ein, dieses Schreibmotiv für sich zu entdecken und zu nutzen. Die elementare Einsicht, dass man sich selbst mit den Mitteln der Schriftsprache gut darstellen und äußern kann, ist grundlegend für die Entwicklung kognitiver Sprachlernprozesse.

Um den subjektiven Sinn des Schreibens und der Schriftsprache zu entdecken, brauchen Kinder Zeit, Raum und Geduld. Grundlegende Erfahrungen mit der Bedeutung, der Funktion und dem Gebrauch der Schriftsprache lassen sich nicht kurzfristig vermitteln oder nachholen. Sprachentwickelte Kinder verfügen über

55 Hans Brügelmann, Kinder auf dem Weg zur Schrift. Konstanz 1986

eine Kette langjähriger Erfahrungen, die bis weit in die Vorschulzeit zurückreichen. Diese greifen zielstrebig die Lernangebote des Unterrichts auf und nutzen sie. Schriftsprache kann für viele Kinder aber auch zu einem „Lebensthema" werden, das hilft, Probleme zu bewältigen und eine Neuorientierung zu finden.[56]

11.3 Jedes Kind ist ein kleiner Dichter!

Einige Gedanken aus dem folgenden Gedicht des Autors Boris A. Novak zum Internationalen Kinderbuchtag 1997 sollen ausschnittweise wiedergegeben werden. Sie sind eine Ode an die grenzenlose Schöpferkraft von Kindern.

Seine Botschaft lautet:
„Erwachsene hören Wörter, ohne sie
wirklich zu hören.
Erwachsene lesen Wörter, ohne sie
zu befühlen.
Erwachsene sprechen Wörter aus,
ohne sie zu kosten.
Erwachsene schreiben Wörter,
ohne an ihnen zu schnuppern.
Erwachsene bemerken beim
Sprechen die Wörter gar nicht,
und so tönen sie wider
von Einsamkeit und Trauer.
Erwachsene benutzen Wörter,
ohne sie zu lieben. Deshalb verderben die Wörter und altern.

56 Charlotte Röhner, Authentisch Schreiben- und Lesenlernen. Bausteine zum offenen Sprachunterricht. Beltz, Weinheim und Basel 1995, S. 63 f.

Kinder sind da ganz anders.
Kinder spielen mit den Wörtern.
Das Spiel macht verdorbene Wörter wieder heil.
Das Spiel reißt den Rost von alten Wörtern
und verleiht ihnen den Glanz ihrer Jugendzeit.
Das Spiel bringt neue, nie gehörte,
unerhört schöne Wörter hervor.

Kinder hören auf Wörter.
Wörter sind die Musik der menschlichen Laute.
Kinder befühlen Wörter: sind sie weich?
hart? rund? spitzig?
Kinder kosten Wörter: sind sie süß? salzig?
sauer? bitter?
Kinder schnuppern an Wörtern. Wörter sind
der Blütenstaub auf den Blumen der Dinge.
Kinder haben Wörter lieb. Deshalb haben
auch die Wörter die Kinder lieb . . .

Kinder sind anders.
Mit weit geöffneten Augen staunen Kinder die Welt an und
wundern sich über die Welt und
wundern sich über die Dinge.

Jeder Dichter ist ein großes Kind.
Und jedes Kind ist ein kleiner Dichter.
Jeder Maler ist ein großer Schmierfink. Und
jedes Kind ist ein kleiner Maler.

Folgende Bereiche sind wichtig:

1. Schreiben als Ich-Erfahrung

Kinder (und nicht nur sie) lernen und schreiben erfolgreich, wenn sie mit sich im Einklang sind und die Inhalte des Lernens mit ihrem Ich in einem Zusammenhang stehen. Das Identitätsthema nimmt breiten Raum ein und ist immer wieder Ausgangspunkt zur Klärung der Fragen: Wer bin ich in Zusammenhang mit den anderen? Übungen zur Wahrnehmung des eigenen Ichs, wie sie durch ein Ich-Bild, ein Ich-Plakat oder ein Ich-Buch vorbereitet werden, können durch gemeinsames Spielen vertieft werden.

Mögliche Themen für das Ich-Heft[57]:
Was ich an mir mag/ nicht mag
Was ich gern/ungern tue
Mama, Papa, ihr seid o.k.
Manchmal verstehe ich dich nicht
Herr Lehrer/ Frau Lehrerin, merkst du nicht . . .
Mit allen Streit haben
Ich bin einsam, traurig, . . .
Niemand mag mich
Heute ist mein Tag
Weißt du, dass ich . . .
Heute könnte ich fliegen . . .

Bei der Entwicklung von Ich-Identität spielt die Sprache eine ganz wichtige Rolle. Durch sie und nur durch sie erhält der Mensch die Möglichkeit, sich seiner selbst bewusst zu werden und sein Ich zu entwickeln.

2. Schreiben als Akt sozialer Wahrnehmung und Kommunikation

Partner- und gruppenbezogenes Sprechen und Schreiben findet in einer natürlichen Kommunikationssituation im Schulalltag der Kinder statt. Die kindlichen Schreiber fangen in ihren Sätzen und Texten die Bandbreite des Lebens und der Erfahrungen anderer Kinder ein. Die Familie wie die Schule als Lebenswelt kom-

57 Niederegger/Rössler, 1994, S.140

men zur Sprache, ebenso die Beziehungen der Kinder untereinander oder innerhalb der Familie.

Vorschlag: Gestalten Sie mit dem Kind ein Wochenend-Tagebuch – vollgeklebt mit Bildern, Eintrittskarten, Fotos und kurzen Notizen.

Es gibt aber auch ein Fernseh-Tagebuch, ein Ausflugs- oder Reisetagebuch, das später eine liebe Erinnerung darstellt und die ersten Schreibversuche dokumentiert.

3. Schreibmotive entwickeln

Neben den Formen des freien Schreibens haben thematische Schreibvorgaben sowie Formen des kreativen Schreibens ihren Platz.

Da wäre das sachbezogene Schreiben zu nennen, wobei das Mitteilen und Berichten von Sachverhalten und Problemen im Mittelpunkt des Schreibens steht. Diese Textsorten sind kleine Erfahrungsberichte, Beobachtungsprotokolle oder kurze Inhaltsangaben. Das Schreiben ist dabei auf die Darstellung und Verarbeitung von Informationen und Sachverhalten aus der natürlichen und sozialen Umwelt gerichtet und hat damit eine kognitiv objektivierende Funktion. Mit „Sachtexten" hat man tagtäglich zu tun, etwa in Form von Spiel- und Bastelanleitungen, Gebrauchsanweisungen, Fernsehprogrammen, Fahrplänen, Mitteilungsblättern, etc. Voraussetzung für gute Berichte und Beschreibungen ist es, genau hinzuhören, bewusst zu sehen, scharf zu beobachten und ruhig etwas zu betrachten. Es werden beim schriftlichen Berichten und Beschreiben Sachverhalte versprachlicht, das Geschriebene dient der Information, und die Texte sind in sachlicher Sprache abgefasst.

Am verlockendsten ist es, schöne Sachbücher anzuschauen und in einzelnen Abschnitten – z. B. über ein bestimmtes Tier, eine Pflanze, ein technisches Gerät – gezielt Informationen herauszusuchen.

Als Stilmittel[58] zur Gestaltung müssen erarbeitet werden:

★ Es werden nur wichtige und sichtbare Einzelheiten einer Sache genannt.

★ Es wird nicht über Gedanken und Gefühle der beteiligten Personen berichtet.

★ Es soll nicht Spannung erzeugt, sondern sachlich informiert werden.

★ Die Sachsprache ist klar, knapp und nüchtern.

★ Die Aussagen müssen klar und verständlich sein.

Das Entwickeln von Phantasie und Vorstellungskraft als weiterer Dimension des Schreibens spielt vor allem im Zusammenhang mit literarisch-ästhetischen Erfahrungen eine Rolle. Solche Texte entstehen, wenn Bücher der Kinderliteratur zum Weiterfabulieren und Weiterschreiben anregen. Das geht ganz einfach: Man liest einen Text z. B. aus dem Lesebuch – eine gute, spannende Geschichte – und lässt sich dazu selbst einen Schluss einfallen. Der Vergleich mit dem „wirklichen" Schluss kann ganz schön aufregend sein.

11.4 Hilfe, mir fällt nichts ein!

Viel Kritik an der Schule wird gerade im Bereich des kreativen Schreibens laut: „Jedes Kind ist unglaublich kreativ . . . bis es in die Schule kommt. Dann ist wieder Schluss. Nach einem Jahr hat es 50% seiner kreativen Fähigkeiten verloren, nach zehn Jahren Schule hat es . . . noch 10% seiner kreativen Gestaltungs- und

58 Niederegger/Rössler, 1994, S. 165

Ausdrucksfähigkeit von früher. Es muss ja nur noch wiedergeben, repetieren."[59]

Nach J. P Guilford versteht man unter Kreativität zunächst einmal jene Fähigkeiten, die oft als Intuition, Einfallsreichtum, Erfindungsgabe, geistige Produktivität oder schöpferische Fantasie bezeichnet werden. Man kann lernen, kreativ zu sein, doch die schöpferischen Fähigkeiten müssen trainiert werden. Besonders die Brainstorming-Methode verleiht den Gedanken Flügel.

Als kleine Anregung dazu Spiele mit Buchstaben und Wörtern:[60]

★ **Buchstabenscherze:**

Womit fängt der Tag an und hört die Nacht auf?
– mit „t" –

Was ist bei Tag und Nacht gleich?
– das „a" –

Was ist bei einer Mücke groß und bei einem Kamel klein?
– das „m" –

Zwei Architekten wollen ein Haus bauen – womit fängt jeder an?
– mit „j" –

Was ist bei jedem Menschen groß?
– das „m" –

Was steht in der Mitte von Paris?
– - das „r" –

59 Hans Pestalozzi, in: Lotte Ingrisch, Schmetterlingsschule oder die Veränderung der Welt im Kopf. Österr. Staatsdruckerei, Wien 1986, S. 49

60 Rosemarie Portmann/Elisabeth Schneider, Spielen mit Buchstaben, Wörtern, Texten. Don Bosco, München 1988, S. 38 ff.

★ **Neue Vorsilbe – neues Wort:**

Das vorgegeben Wort heißt FAHRT.
Daraus kann werden Zufahrt/ Abfahrt/ Einfahrt/ Durchfahrt . . .

★ **Brückenwörter:**

Blatt . . . . Regen
GOLD
Finger . . . . Richter
RING
Hut . . . . Wurm
BAND

★ **Buchstabensalat**

Die einzelnen Buchstaben von Wörtern werden durcheinander gebracht, es gilt herauszufinden, wie die Wörter wirklich heißen:

Giter = Tiger
Hefensern = Fernsehen
Trietweg = Gewitter

Es braucht nicht zu Frusterlebnissen zu kommen, anfängliche Hemmungen können leicht abgebaut und überwunden werden, wenn man als Eltern und Lehrer versucht, der Kopflastigkeit, dem Zeit-, Leistungs- und Erfolgsdruck bewusst Widerstand entgegenzusetzen und damit neue Lebensqualitäten erreicht.

11.5 „Schreiben für wirkliche Leser"

Von Anfang an sollen Kinder das Gefühl haben, für „wirkliche Leser" zu schreiben, nicht nur für den Papierkorb, die Schreibtischlade oder das Hausübungsheft, sondern für „echte" Adressaten.

Kleine Schreibsituationen sollen den Tagesablauf durchziehen: Kurze Notizen oder Mitteilungen, ein Einkaufs- oder Merkzettel bis hin zu spontanen Texten. Diese selbstständig verfassten Niederschriften können anfangs nur aus einem Wort, einer Wortgruppe oder einem kurzen Satz bestehen und durch Zeichnungen ergänzt werden. Die ursprünglich starke Ich-Bezogenheit des kindlichen Schreibers wird dann allmählich erweitert, indem verschiedene Schreibabsichten ausprobiert werden: Andere mit einer kleinen Geschichte unterhalten oder Anteil an z. B. eigenen Erlebnissen nehmen lassen, damit andere sie lesen können; andere informieren, z. B. durch Mitteilungen oder einfache Beschreibungen, an andere appellieren durch schriftlich geäußerte Bitten, Wünsche, Anfragen oder Einladungen.

11.6 Schreiben ist mehr als „schön schreiben"!

Jahrelang waren sich Experten einig, was „gutes Deutsch"[61] sei, und stellten Stilnormen auf: Als Gestaltungsgrundsätze galten Klarheit, Anschaulichkeit, Lebendigkeit; man forderte das Vermeiden von Phrasen, Schachtelsätzen und Modewörtern; man sprach sich gegen Umständlichkeit und Weitschweifgkeit aus. In den Sprachübungsbüchern gab es zu jeder Textsorte „vorbildliche Stilmuster". Diese „normative Stilistik" lässt dem Schreiber jedoch sehr wenig Entscheidungsfreiheit, daher wendete man sich einer individuell geprägten „operativen Stilistik" zu. Ein Kind sollte befähigt werden, seinen eigenen Stil zu entwickeln, sollte beim Schreiben die Sprachmittel auswählen, die den inhaltlichen wie kommunikativen Bedingungen am besten entsprachen.

61 Niederegger/Rössler, 1994, S. 55 f.

Als Arbeitshilfe wird empfohlen:

- ★ Mit der Ersatzprobe überprüfe Worte, Wörter und Ausdrücke, die deinen Gedanken nicht wirklich entsprechen.
- ★ Mit der Weglassprobe vermeidest du Weitschweifigkeit.
- ★ Mit der Umstellprobe für Wortgruppen, Satzglieder und Textabschnitte kannst du einen Text besser gliedern!

Solche gut gemeinten Ratschläge helfen aber nicht wirklich, erst wenn man ein routinierter Schreiber ist, kann man mit diesen Mitteln bewusst und intensiv an einem Text arbeiten.

Drei Elemente des schriftlichen Ausdrucks sind von besonderer Bedeutung:[62]

1. das Wesentliche zu erfassen und mitzuteilen,
2. den inneren Aufbau, die Logik eines Vorgangs oder einer Geschichte zu verstehen und darzustellen und
3. einen Zusammenhang zwischen den einzelnen Teilen herzustellen und diesen an den Leser weiterzuvermitteln.

11.7 Der Aufsatz ist tot, es lebe der Text!

Der herkömmliche Aufsatzunterricht hat längst ausgedient. Vor allem die kommunikationstheoretische Wende in der Sprachwissenschaft führte zu einem neuen Ansatz beim Verfassen von Texten. Aufgrund der alten Stillehre unterschied man fünf gattungspoetische Grundformen: Erzählung, Bericht, Beschreibung, Schilderung und Erörterung. Diese nur auf den ersten Blick klar voneinander abzugrenzenden Formen differenzierte man in speziellere Formen, wie z. B. die Erzählung in Erlebnis-, Fantasie-, Nacher-

62 Mathias Marschik/Christian Klicpera, Kinder lernen lesen und schreiben. Borgmann, Dortmund 1993, S. 88

zählung oder Bildgeschichte. Man fasste sie auch unter anderen Sammelbegriffen wie der subjektiv bestimmten Darstellungsperspektive (z. B. Erzählung und Schilderung) zusammen oder nannte sie objektive Darstellungsformen (Bericht, Beschreibung). Für jede dieser Darstellungsformen gab es eine Vielzahl von Regeln, die sowohl den Aufbau als auch den Stil betrafen. So z. B. sollten in einer Erlebniserzählung viel wörtliche Rede und bildhafte, ausdrucksstarke Wörter und Wendungen verwendet werden.

Diese „normative Schulpoetik“ führt nicht selten zu klischeehaften Ergebnissen.

Urteilen Sie selbst, welch kreatives Potential verloren geht, wenn der Zugang zu persönlichem Empfinden, zu intuitivem Wissen versperrt wird:[63]

1. „Blume ist Kind von Wiese.“ (Kind mit Deutsch als Zweitsprache)

2. „Heute fand ich einen Tannenzapfen.
Der Wind hat ihn mir runtergeblasen.
Die Sonne blühte mir eine Blume auf . . .“ (Mädchen, 8 Jahre)

3. „Die Zitronenblume“
Am 8. 4. 1992 nahmen wir, die vierte Klasse, an einem Wandertag teil. Unser Ziel war der Harzberg. Schon um sechs Uhr in der Früh war ich auf den Beinen und verspeiste mein Frühstück mit vollem Appetit. Fröhlich und heiter machte ich mich auf den Weg zur Schule. Um halb acht kam der Bus, mit dem wir einige Kilometer zurücklegten. Auf dem Weg zum Harzberg sahen wir viele Gewächse, darunter auch eine Zitronenblume. Sie roch nach frischer Zitrone und hatte gelbe, große Blüten. Der Stängel war etwas kleiner . . . (Mädchen, 10 Jahre)

63 Peter Plamisano/Ernst Panzenböck, Gedanken zur Kreativität und Ästhetik im Deutschunterricht. ÖBV, Wien 1994, S. 42

Die Diskussion um den „Aufsatzunterricht“ lässt sich in folgende Bereiche gliedern:[64]

★ *Phase des gebundenen Aufsatzes*

„Aufsetzen“ heißt, sich an bestimmte Regeln und Formen binden, d. h. Kinder hatten einen auswendig gelernten und eingeübten Text niederzuschreiben. Hinter dieser Aufsatzkonzeption stand die Auffassung, dass Kinder noch über keine eigene Sprache und keinen eigenen Stil verfügten. Schreiben lernte man durch Imitation der Erwachsenensprache und durch Reproduktion.

★ *Phase des freien Aufsatzes*

Diese Schreibmethode war eng verknüpft mit den kulturellen Strömungen im ersten Viertel des 20. Jahrhunderts, d. h. mit der Kunsterziehungsbewegung, der Jugendbewegung und der Reformpädagogik. Kindheit und Jugend wurden als eigene Lebensabschnitte mit eigenen Gesetzen und eigenem Wert, besonders im Bereich der Kreativität und Fantasie gesehen. Der Inhalt ist alles, die Form nebensächlich.

★ *Phase des sprachgestaltenden Aufsatzes*

Im Mittelpunkt steht die Sprachgestaltung, die eine Synthese von Inhalt und Form des Aufsatzes (Erlebnis- und Beobachtungsaufsatz) anstrebt und sich gegen den „Wildwuchs“ der Sprache richtet. Dazu gehört jedoch eine intensive Schulung der sinnlichen Wahrnehmung, damit sich im „Gestaltungserlebnis“ die Erkenntnissprache mit der Erlebnissprache verbinden kann.[65]

★ *Phase der kommunikativen Wende*

Ausgehend vom Kommunikationsmodell mit einem Sender

64 Niederegger/Rössler, 1994, S. 73

65 Seidemann, zitiert nach Niederegger/Rössler, 1994, S. 75

und einem Empfänger liegt der Schwerpunkt beim Schreiben auf dem „Kommunikationserlebnis".

Das hatte eine grundlegende Veränderung über das Schreiben zur Folge, denn:

- Texte werden für Leser geschrieben.
- Texte werden in einer bestimmten Aussageabsicht verfasst: Ein Kind erzählt etwas, teilt etwas mit, erklärt, beschreibt, äußert ein Anliegen oder eine Meinung.
- Jede Textproduktion geht von einem bestimmten Anlass aus, der sich aus der sozialen Situation ergibt, in der sich der Schreiber befindet.
- Aus der Schreibabsicht leiten sich die Schreibformen ab: erzählende Texte, Berichte, Beschreibungen, appellierende Texte.

Bei all dem steht die Sprache des Kindes im Mittelpunkt.

★ *Phase der Ergänzung des kommunikativen Schreibkonzepts*

Neben den Schreibabsichten, die auf reale Anlässe ausgerichtet sind, ist der kreative, fiktive, sprachspielerische Umgang mit Sprache sehr wichtig.

Auf diese Weise gewinnt Schreiben emanzipatorische Erziehungsaufgaben, wird die „Poesiepädagogik" zu einem Weg des heuristischen, ganzheitlichen Lernens.

Im Laufe der Schulzeit werden die Texte immer länger, variantenreicher und vielfältiger, und verschiedene sprachliche Formen werden erprobt. Die Sätze werden nicht mehr einfach aneinander gereiht, sondern je nach Schreibabsicht werden bestimmte Stilmittel verwendet. Auch das Wissen um den Aufbau von längeren Texten wird größer. Man lernt eine Einleitung zu schreiben, die auf den Inhalt des Textes einstimmt, man gliedert den Hauptteil und fasst am Schluss wichtige Punkte nochmals zusammen. Am Ende der vierten Schulstufe sollte ein Kind imstande sein, eine Geschichte gut und verständlich zu schreiben, d. h. auf die Gewichtung der Inhalte achten, auf die innere Logik und den äußeren Aufbau des Textes.

Untersuchungen haben ergeben, dass es anfangs durchaus möglich ist, mit mangelnden Rechtschreibkenntnissen einen ansprechenden Text zu schreiben, dies zeigt sich in einem relativ geringen Zusammenhang zwischen Rechtschreiben und schriftlichem Ausdruck. Doch wenn die schriftliche Ausdrucksfähigkeit nur wenig auf korrektem Schreiben basiert, hat ein Kind mit zu vielen Schwierigkeiten zu kämpfen.

Weiters ist ein deutlicher Zusammenhang zwischen Lesekompetenz und schriftlicher Ausdrucksfähigkeit zu beobachten. Daher sollte Schreiben nie isoliert von den anderen Lernbereichen geübt werden und umgekehrt. Ganzheitliches Lernen und vernetztes Denken sind wirklich die Zauberformel für Freude am Sprechen, Schreiben und Lesen.

Alle diese Rede- und Schreibabsichten lassen sich auf die drei Grundintentionen zurückführen, nämlich auf das Appellieren, das Informieren und das Unterhalten.

Ob dieses schriftliche Sprachhandeln gelingt, ob man seine Wünsche durchsetzen kann, hängt davon ab, dass nicht irgendeine Darstellungsform gewählt wird, sondern die durch den jeweiligen Kommunikationsbezug vorherrschende Sprachhaltung.

Eines jedoch ist klar: Viele Wege führen zum Schreib-Ziel, dabei sollte jedes Kind seine persönliche „Gangart“ finden und voll Freude und Eifer sich darauf hinbewegen.

12. Gewusst wie!

12.1 Wo kommen die Ideen her?

Selbst für einen preisgekrönten Kinderbuchautor wie Martin Auer ist diese Frage furchtbar schwer zu beantworten. Er erklärt es so:

„Manche Ideen kommen, ich weiß nicht woher, die fliegen vielleicht wirklich durch die Luft, oder sie kommen aus einer Ecke in meinem Hirn, von der ich gar nicht gewusst habe, dass es sie gibt. Manche Geschichten fallen mir ein, wenn ich auf der Straße gehe und Leute beobachte, aber auch wenn ich die Zeitungen lese oder wenn ich fernsehe oder wenn ich Bücher lese. Geschichten sind oft Antworten – auf andere Geschichten. Manche Geschichten aber sind Antworten auf Fragen, die ich mir früher einmal gestellt habe, als ich ein Kind war. Irgendwo in mir drinnen sitzt noch immer der kleine Martin von damals, und der große Martin von heute erklärt ihm die Dinge, die der kleine Martin von damals nicht verstanden hat. Manchmal sagt der große Martin von heute zum kleinen Martin von damals: Siehst du, so einfach ist das. Gar kein Grund, sich zu fürchten. Und der kleine Martin von damals nickt getröstet.“[66]

Es gibt nur ganz wenig Begabte, denen Schreiben ganz leicht fällt und die es gar nicht nötig haben, sich mit dem Schreiben zu plagen. Viele jedoch sitzen vor ihren Heften und stöhnen: Ich weiß nicht, was ich schreiben soll! Mir fällt nichts ein! Es kann eine Qual sein, vor einem leeren weißen Blatt zu sitzen und nicht zu wissen, wie zu beginnen und was zu schreiben. Kaum taucht ein

66 Martin Auer, Der bunte Himmel. St. Gabriel, Mödling – Wien 1995, S. 7 f.

Gedanke auf, und man will ihn niederschreiben, ist er wie weggeblasen oder lässt sich nicht in Worte fassen.

Wer ein guter Schreiber werden will, der braucht einen guten Wortschatz, viel Erfahrung und/oder viel Fantasie.

Christine Nöstlinger erzählt, wie ein „alter Hund" es Schulkindern leicht macht, einen guten Aufsatz zu schreiben, indem er sie einfach erleben lässt, worüber sie schreiben sollen. Wenn man das, was man erlebt, „mit dem Hirn fotografiert", so können schöne und spannende Geschichten entstehen.

Wenn du eine lesen möchtest, dann schau bei den Schreibgeschichten nach.

12.2 Geschichten wachsen wie Bäume[67]

Geschichten sind wie Bäume: Sie gedeihen, wachsen, entwickeln sich gut, wenn sie gepflegt werden.

Ein guter „Sprachgärtner" legt sich – bevor ein Text-Bäumchen gepflanzt wird – zurecht, wie sich der Text entwickeln soll. Dazu ist „Mind-Mapping®" eine ausgezeichnete Methode, gute Gedanken folgerichtig zu entwickeln. Mind-Mapping® ist eine andere Art, sich Notizen zu machen. Das geht so:

67 Niederegger/Rössler, 1994, S. 220

Aus: Claudia Feichtenberger, Mind Mapping® für Kinder, Verlag Hölder-Pichler-Tempsky, Wien 1996

12.3 Was Flügel verleiht

Schriftlichkeit hat mit Persönlichkeitsentwicklung und Sozialisation zu tun.

Wer lesen und schreiben kann, schafft sich Freiräume. Beim Schreiben wird die Verlangsamung der Denksprache erzwungen. Das hat den Vorteil, dass dadurch bestimmte Vorgänge erst richtig bewusst gemacht werden. So kann es gelingen, Sachverhalte zu klären, Gedanken abzuwägen, zu differenzieren, zu konkretisieren und Denken und Fühlen im Schreiben in Einklang zu bringen. Wem es gelingt, sich „etwas von der Seele zu schreiben“ und so Distanz zu sich selbst, seinen Gedanken, Problemen, Gefühlen zu gewinnen, dem wird die befreiende Wirkung des Schreibens bewusst.[68]

13. Lerntipps

Alles muss gelernt sein[69]

„JetztsolltestduweißGottendlichaltgenugseinumaufeigenenFü
ßenzustehenichkanndochnichteinLebenlanghinterdirherlaufenu
ndimmerdieVerantwortungtragenwennichjetztschonganzkribbeli
gbindavonundeskeienTaglängerertragenkann.

Bitte, hab doch noch ein wenig
hab doch noch ein wenig
hab doch noch ein wenig
hab doch noch ein wenig
hab doch noch ein wenig
hab doch noch ein wenig
hab doch noch ein wenig
hab doch noch ein wenig
hab doch noch ein wenig
hab doch noch ein wenig Geduld.“

68 Niederegger/Rössler, 1994, S. 38
69 Manz, 1978, S. 145

Beim Lernen darf man dem Erfolg nicht dauernd hinterher laufen, vielmehr muss man ihm entgegengehen. Dies gilt ganz besonders für ein erfolgreiches Schreiben. Mühelose Tricks mit Effektivitätsgarantie können nicht angeboten werden, aber Lernen muss nicht in schweißtreibende Arbeit ausarten. Im Folgenden eine kleine Zusammenstellung von Tipps[70] zu besserem Lern- und Schreiberfolg, wovon sich jedes Kind selbst sein „Lieblingsmenü" zusammenstellen soll.

7 Sprossen auf der Erfolgsleiter:

1. Suche nach deinen Stärken, nicht nach den Schwächen!

2. Beginne bei den Schreibaufgaben mit dem, was du kannst!

3. Fange stets mit etwas Leichtem an!

4. Teile deine Aufgaben in kleine Portionen ein!

5. Benutze eine Pinwand als Lernhilfe!

6. Freue dich nach jeder erledigten Aufgabe über den Erfolg! Belohne dich mit einer kleinen Pause, ehe du etwas Neues beginnst!

7. Mit Konzentrationsübungen oder einer Bewegungsübung, wie dem „Gorilla", bekommst du viel Schwung und Energie!

7 Tritte in den Hintern der Faulheit:

1. Versuche nichts mit Kraft und Gewalt!

2. Nimm dir nicht zu viel auf einmal vor!

70 Erstellt nach: Wolfgang Endres, Lernen mit Kniff und Pfiff. Kleine Lernmethodik. Beltz, Weinheim und Basel 1989

3. Sage nie, das kann ich nicht!
4. Wer sich nichts zutraut, schafft auch nichts. Meist kannst du mehr, als du glaubst.
5. Wenn du kleine Aufgaben richtig anpackst, brauchst du vor dicken Brocken keine Angst zu haben.
6. Eine kleine Aufgabe ganz zu erledigen ist besser, als fünf halbfertig liegen zu lassen.
7. Manchmal erreicht eine Ameise mehr als ein Elefant.

7 Zutaten, damit deine Arbeit gelingt:

1. Gestalte deinen Arbeitsplatz gemütlich: Schaff dir Platz, räume die Spielsachen aus deinem Blickfeld und gönne dir Ruhe, indem du das Radio oder den Fernseher abschaltest.
2. Arbeite nur an diesem Platz und wandere nicht in der ganzen Wohnung herum, das macht dich und andere nervös und lenkt nur ab.
3. Lerne zur richtigen Zeit. Ein voller Bauch, der lernt nicht gern!
4. Überlege, was du zu tun hast!
5. Besorge dir das nötige Handwerkszeug: Bleistift, Filzschreiber, Feder, Papierkorb, Notizblock, Hefte, Bücher . . .
6. Setze dir selbst eine Zeit, in der du deine Arbeiten erledigt haben willst. Ein Wecker passt mit dir auf die Zeit auf!
7. Wenn du fertig bist, räume auf und genieße deinen Erfolg!

14. Spielend leicht gemacht

Aus der lernpsychologischen Forschung weiß man, dass Lernleistungen besonders gut gelingen, wenn Lernen in angstfreien, ermutigenden und erfolgversprechenden Lernsituatiionen stattfinden kann.

Gute Lernspiele sind ein unverzichtbarer Bestandteil einer solchen anregenden Lernumgebung. Sie bieten einen hohen Aufforderungscharakter zum selbsttätigen und selbstverantwortlichen Handeln, ganz im Sinne des Grundsatzes von Maria Montessori: „Hilf mir, es selbst zu tun!" Oder anders ausgedrückt: „Lehre mich nicht, lasse mich lernen!"

Der Pädagoge und Dichter Hans Manz sieht es so:

„Seit vielen Jahren beobachte ich, wie Kinder spielerisch mit Sprache umgehen. Dabei ist mir vor allem aufgefallen, dass Kinder ein viel ungebrocheneres Verhältnis zum reinen, zweckentbundenen Sprachspiel haben als wir.

Die Kinder fragen ja auch nicht nach dem Nutzen ihrer Spiele in Haus, Hof, Wiese, Wald. Wichtig ist ihnen die Bewegungsfreiheit des Jonglierens, Vertauschens, Veränderns.

Ein einfaches Beipiel: Aus Hasen werden durch bloße Lautveränderungen Hosen. Ob das einen Sinn hat, interessiert die Kinder nicht. Sie lachen und probieren auf der Stelle weitere Umformungen aus. Und das hat einen Sinn! Selbst mit schwierigen, doppelsinnigen Texten verhält es sich gar nicht viel anders. Die Kinder stutzen zuerst, aus dem Stutzen erwächst das Raten, das Suchen nach dem Hintersinn. Es erinnert an das Suchen beim Versteckspiel.

Wenn das nicht so wäre, hätte es ja auch nie die Lust an Rätseln gegeben, die so alt wie die Literatur selbst ist . . ."[71]

71 Manz, 1995, Ausschnitte aus dem Nachwort

15. SCHREIB- GESCHICHTEN

Achtung:

Ich mache dir jetzt ein X für ein U vor:
Ein Landwirt hexte,
als das Pferd plötzlich schexte,
was ihn gar nicht erfrexte.
Jetzt musst du halt schaxen,
den Vers umzubaxen.
Sei faber schlax
und mach es genax!

Merke:
Es gibt Menschen, die es tatsächlich aus dem FF verstehen, dir von A bis Z ein X für ein U vorzumachen. Deshalb soll es dein A und O sein, das ABC gut zu kennen.

Lauträtsel

. RUSS ist höflich.
. REIS ist alt.
Halt dich am . RIFF
Iss die . ERSTE!
. EIFER rinnt.
. ABEL sticht.
Ja, da stimmt doch was nicht!
Trotzköpfe . rollen.
Ledermacher . ERBEN.
. ROSSARTIG ist das Leben?
. LAUBEN macht selig?
Kühe . RASTEN.

Eisläufer . LITTEN.
Ach, da ist vorn etwas ab-g-g-g-geschnitten!

Kleinkindertragödie
(Aus vergangener Zeit)
Ging in Matsche.
Trat in Patsche:
Platsche, Platsche.
Kriegte Watsche:
Klitsche, Klatsche.

Aus: Hans Manz, Die Welt der Wörter. Beltz Verlag, Weinheim und Basel 1991. Programm Beltz & Gelberg, Weinheim

Vielleicht ganz leicht

Vierhundertachtundvierzig
Wörter
hat mein Aufsatz –
zwölf
hab ich falsch geschrieben.
Das macht
vierhundertsechsunddreißig
richtige.
Dem Lehrer
waren's
nicht genügend.

Aus: Johannes Heinz Zechner: Vielleicht ganz leicht. Gedichte für junge Menschen mit Anregungen zum Selberschreiben. Verlag für Sammler, Graz 1993

Mira Lobe

Deutsch ist schwer

Deutsch ist schwer.
Das kann ich beweisen,
bitte sehr!
Herr Maus heißt zum Beispiel Mäuserich.
Herr Laus aber keineswegs Läuserich.
Herr Ziege heißt Bock,
aber Herr Fliege nicht Flock.
Frau Hahn heißt Henne,
aber Frau Schwan nicht Schwenne.
Frau Pferd heißt Stute,
Frau Truthahn Pute,
und vom Schwein die Frau
heißt Sau.
Und die Kleinen sind Ferkel.
Ob ich mir das merkel?
Und Herr Kuh ist gar ein doppeltes Tier,
heißt Ochs oder Stier,
und alle zusammen sind Rinder.
Aber die Kinder
sind Kälber!
Na, bitte sehr,
sagt doch selber:
Ist Deutsch nicht schwer?

Aus:Sprachbastelbuch. Jugend und Volk, Wien – München 1975

Vera Ferra-Mikura

Darüber wundert sich das „V“

Obwohl ich immer als „V“ vor dir steh’,
bin ich manchmal ein „F“ und manchmal ein „W“.
Im Klavier und im Jagdrevier
wird ein „W“ aus mir.
Du siehst mich als „V“, doch wie sagst du dann?
Willa, Wase und Pawian.
Nur aus dem Vollmond, das wäre zum Lachen,
dürftest du keinen Wollmond machen,
aus dem Veilchen kein Weilchen,
aus dem Vetter kein Wetter.
Ich bin manchmal ein „F“ und manchmal ein „W“,
obwohl ich immer als „V“ vor dir steh’!

Aus: Sprachbastelbuch, Jugend und Volk, Wien – München 1975

Christine Nöstlinger

Satzzeichentragödie

Das Fragezeichen und das Rufzeichen verliebten sich ineinander und waren sehr glücklich. Doch der Punkt und der Beistrich, der Bindestrich und der Strichpunkt waren darüber sehr entsetzt. „Nie kann das gutgehen", sagten sie zum Rufzeichen und zum Fragezeichen. „Einer kerzengerade und einer doppelt krumm gebogen, das passt nicht zusammen!" So lange redeten sie auf das Rufzeichen und das Fragezeichen ein, bis die beiden es sich zu Herzen nahmen und dachten: Wenn das so ist, dann muss ich mich anpassen! Für meine große Liebe bin ich zu allem fähig!

Ganz heimlich schlich sich das Rufzeichen zum Schriftsetzer und ließ sich von dem auf ein Fragezeichen verbiegen. Und das Fragezeichen schlich ebenso heimlich zum Schriftsetzer und ließ sich auf ein Rufzeichen strecken.

Durchs Verbiegen wurde aus dem Rufzeichen natürlich ein sehr kleines Fragezeichen, und durchs Strecken wurde aus dem Fragezeichen natürlich ein sehr großes Rufzeichen. Und als sie dann einander – auf klein verbogen und groß gestreckt – wiedersahen, fingen sie zu weinen an. „Ich kann keinen lieben, der viel größer ist als ich!" schluchzte das kleine Fragezeichen. Und „Ich kann keinen lieben, der viel kleiner ist als ich!" schluchzte das große Rufzeichen. Dann gingen sie auseinander. Und der Punkt, der Beistrich, der Bindestrich und der Strichpunkt nickten einander zu und sagten: „Wir haben es ja von Anfang an gewusst!"

Aus: Christine Nöstlinger/Jutta Bauer, Ein und alles. Beltz Verlag, Weinheim und Basel 1992, Programm Beltz & Gelberg, Weinheim

Von der Zeit, in der das „Sch“ streikte

Irgendwann wollte sich das „Sch“ nicht mehr in den Dienst der Sprache stellen. „Ich mag einfach nicht mehr!“ sagte es. „Mir reicht es! Punktum.“

Natürlich war das ein großer Ock für Groß und Klein. Impfwörter wie Eiße und Eißkerl hatten nicht mehr dasselbe Gewicht wie früher, und das machte den Leuten ganz ön zu affen.

Aber das Leben ging weiter. Im Frühling blühten Neeglöckchen und Lüsselblumen. Im Sommer gingen wir wimmen und warfen uns gegenseitig aus dem warzen Lauchboot. Im Herbst fing wieder die Ule an, und im Winter gingen wir I fahren, Littuh laufen und brausten mit dem Litten über die verneiten Hänge.

Mein kleiner Bruder war nun ein Reihals und eine Nakatze. Meine Wester war zur großen Nattergans geworden, die jeden Sonntag bis Mittag lief. Mein großer Bruder wänzte oft den Unterricht, und meine Eltern sagten, wenn das so weiterginge, würde er bald mit Impf und Ande von der Ule gejagt werden.

Und ich? Ich träumte vom Laraffenland, in dem es Bäche mit heißer Okolade und Inselchen mit süßer Lagsahne gibt und wo einem gebratene Weinsstelzen in den Mund fliegen. Wo man limm sein kann, wie man will, und trotzdem abends in einer aukelnden Hängematte lafen kann, die von einem Dutzend Walben durch den Abendhimmel gezogen wird.

Aus: Erich Ballinger/Gerda Anger-Schmidt, Noch schlimmer geht's immer.

Gruß vom Druckfehlerteufel

Speibekarte

Alte Vorspeiben

Stinkenrolle
Gardinen in Öl
Belohne mit Schinken
Schlafkäse
Fliegenkäse

Arme Vorspeiben/Suppen

Dreck mit Ei
Stinkenkäse-Prost
Lackerbsensuppe
Lederknödelsuppe
Einzopfsuppe
Rudelsuppe

Hauptspeiben

Kummer
Bebrilltes Huhn
Braut mit Knödel
Gebackener Tisch
Gespickter Nasenrücken
Binsen mit Dreck
Treffersteak
Geröstete Leben

Als Nachspeibe empfiehlt der Küchenchef:

Leiser Schmarrn mit Kirchenkompott
Apfelpudel mit Schlafsahne
Gefischtes Eis

Fragen beim Mittagessen

Stimmt es,
dass das Leben einer Arbeitsbiene
kein Honiglecken ist?
Stimmt es,
dass eine Friedhofsgärtnerei
ein todsicheres Geschäft ist?
Stimmt es,
dass das Schlafbedürfnis eines Faultieres
nur eine faule Ausrede ist?

Erich Ballinger

Einfache Wörter ersetzen!

Monika K. setzt neue Wörter ein. In dem vorliegenden Beispiel aus ihrem Geographiebuch hat sie jeweils das Wort „Land“ durch das Wort „Gurkerl“ ersetzt:

Österreich ist ein vielgestaltiges Gurkerl. Das gilt für die Höhenlage und für die Oberflächengestaltung unseres Gurkerls. Das gilt aber auch für das in der Gurkerlschaft sichtbar gewordene Ergebnis der menschlichen Tätigkeit: für die Umgestaltung der Naturgurkerlschaft zum Lebensraum, zur Kulturgurkerlschaft. Nicht ohne Grund heißt der Anfang unserer Gurkerlhymne: „Gurkerl der Berge, Gurkerl am Strome, Gurkerl der Äcker, Gurkerl der Dome . . . “

Aus: Erich Ballinger/Gerda Anger-Schmidt, Noch schlimmer geht's nimmer. © Ueberreuter, Wien 1994

In dein Stammbuch geschrieben:

Wenn du Wut hast, nimm
ein Stück Papier und male –
bist du traurig, schreib
ein Gedicht –
bist du fröhlich, spiel
auf der Flöte –
und wenn du Glück erlebst –
dann sing!

Aus: Johannes Heinz Zechner: Vielleicht ganz leicht. Gedichte für junge Menschen mit Anregungen zum Selberschreiben. Verlag für Sammler, Graz 1993

16. Anhang

16.1 Die 107 wichtigsten Wörter

A: acht, am, Apfel, Arm, Ast, auf, aus, Auto
B: Bach, Ball, Baum, Bein, Bild, bin, Birne, Blatt, blau, Blume, böse, braun, Brot, Buch
D: da, das, dem, den, der, die, Dorf, drei
E: ein, eine, eins, Ente, er, es
F: fein, finden, Finger, fünf, für
G: gelb, Gras, groß, grün
H: haben, halten, hart, Hase, hat, Haus, heiß, hören, Hund
I: ich, im, in, ist
K: Katze, Kind, klein, Kuh, kurz
L: lang, laufen
M: machen, Maus, mein, mit, Mutter
N: Nase, Nest, neu, neun
O: Ohr
R: reden, rot
S: sagen, Sand, Schule, schwarz, sechs, sie, sieben, sind, so, sollen
U: und, uns, unser
V: Vater, vier, Vogel
W: Wald, war, was, Weg, weinen, weiß, wie, Wiese, wir, wo
Z: zehn, zu, Zug, zwei

16.2 Die 849 wichtigsten Wörter

(Wortschatz etwa am Ende der 4. Klasse Grundschule)

A
Abend
abwaschen
achten
Acker
Alkohol
alle
Allee
also
alt
am
Amt
ändern
anfangen
angeln
Angst
antworten
Apfel
April
arbeiten
Arbeiter
ärgern
Arzt
Ast

Aufgabe
Augen
August
aus
Axt

B
backen
baden
Bahn
bald
Ball
Band
Bart
Bauch
bauen
Bauer
Becher
begegnen
beginnen
beide
Beispiel
beißen
bekam
bellen
beobachten
Berg
berichten
Beruf
Besen
besser
beten
betrachten
Bett
bewegen
biegen
Biene
billig
Birne
bisschen
bitten
bitter
blau
bleiben
blind
Blitz
Block
bloß
blühen
Blume
bluten
Boden
bohren
Boot
boxen
Boxer
brannte
braten
brauchen
braun
brechen
bremsen
brennen
Brett
Brief
Briefträger
Brille
bringen
Brücke
Bruder
brummen
brüten
Bub
Buch
bücken
bunt
Burg
Bus
Butter

C
Christ
Christkind

D
Dach
danken
dann
darauf
dass
Decke
dein
denken
deutlich
Dezember
dich
dicht
dick
Dienstag
dieses
dir
Doktor
Donnerstag
doppelt
Dorf
Draht
drängen
draußen
drehen
drohen
Drohung
drücken
du
dumm

E
echt
Ecke
Ehre
Eier
eifrig
einige
einpacken
einzeln
Eis
Eltern
empfangen
empfinden
Ende
eng
Ente
Erde
erinnern
Erlebnis
ernten
erst
ersticken
erwidern
erzählen
essen
euch
euer
extra

F
Fabrik
Fackel
Fahne
fahren
fallen – fällt
Familie
Farbe
Fass

fast
Februar
Fehler
feiern
Fenster
Ferien
fertig
Fest
fett
feucht
Feuer
fiel
Fisch
Fischer
Flasche
Fleisch
fliegen
fließen
Flügel
Flugzeug
Fluss
folgen
Forelle
Förster
fotografieren
fragen
Freitag
fremd
fressen
freuen
Freund
Frieden
frieren
frisch
frisieren
fröhlich
Früchte
Frühling
fühlen
fuhr
führen
füllen
fürchten
Fuß
Futter

G

Gans
ganz
Garten
Gasse
Gebäude
Geburt
Gefahr
geheim
gehen
gelb
Geld
Gemüse
Geschäft
geschehen
gescheit
Geschenk
Gesicht
gestern
gesund
Getreide
Gewalt
Gewicht
gewinnen
Gewitter
gießen
Gipfel
glatt
glauben
Glocke
Glück
glühen
graben
Gras
greifen
groß
grün
Gruppe
grüßen
Gummi
gut

H

Haar
Haken
Hals
Hammer
Hand
hängen
Hase
hatte
Haus
heben
Heer
Heft
heiß
heißen
heiter
heizen
helfen
Herbst
Herd
Herz
heulen
heute
Hexe
hilft
Himmel
Hirsch
Hitze
hoch
hocken
hoffen
höflich
holen
Holz
Honig
hören
Hose
Hund
Hunger
hüpfen
Hut
Hütte

I

Igel
ihm
ihn – ihnen
ihr – ihre
im
immer
impfen
in
Insel
isst

J

Jacke
Jäger
Jahr
Jänner
jeden
jemand
jetzt
Jugend

Juli
jung
Juni

K
Kaffee
Käfig
kahl
Kahn
kalt
Kälte
kam
Kamm
Kampf
kann
Kanne
Karte
Kartoffel
Kasse
Kastanien
Kasten
Katze
kaufen
Kaufmann
Keller
kennen
Kerze
Kette
keuchen
Kind
Kirche
Kissen
Klasse
kleben
Kleid
klein
klettern
klopfen
klug
knicken
Knochen
Knopf
kochen
Koffer
Kohle
Koks
kommen
können
Kopf
Korb
kosten
krank
kratzen
Kreuz
kriechen
Krieg
Küche
Kuh
kühl
Kunst
Kuss

L
lachen
Lampe
Lärm
lassen
Laterne
Laub
laufen
Laus
Leben
legen
Lehrer
leicht
leiden
leise
Leistung
leiten
Leiter
lernen
leuchten
Leute
Lexikon
Licht
Liebe
lieben
Lied
liegen
links
Liter
Loch
locker
Löffel
Lohn
Los
löschen
Lücke
Luft
lustig

M
Mädchen
mähen
mahnen
Mai
malen
man
manchmal
Mantel
Mappe
Marke
Markt
marschieren
März
Maschine
Mauer
Maurer
Maus
Meer
Mehl
melken
Menge
Mensch
merken
messen
Messer
Meter
Miete
Milch
Minute
mit
miteinander
Mittag
Mittwoch
mixen
Möbel
Monat
Montag
morgen
Motor
müde
Müdigkeit
Müll
Musik
Muskel
muss
müssen
mutig
Mutter
Mütze

N
Nacht
nackt
nah
nähen
nahm
Namen
Nase
nass
Natur
Nebel
nehmen
nennen
nett
Netz
neu
nicht
nichts
nie
nieder
niemals
niemand
nimmt
noch
Not
Note
November
Nummer
Nuss

O
Obst
Ofen
oft
ohne
Ohr
Oktober
Öl
ordnen
Ostern
Österreich
österreichisch

P
Paar – paar
Päckchen
packen
Paket
Papier
parken
Pass
Pause
Pfanne
Pferd
pflanzen
Pflicht
Pflug
pflügen
Pinsel
Platz
plötzlich
Polizist
Post
Praxis
Preis
probieren
Prüfung
Puppe
putzen

Q
quälen
Quelle

R
radieren
Rakete
Rand
raten – rät
Rauch
rauchen
rau
Raum
rechnen
rechts
Regen
reif
Reihe
reisen
reißen
reiten
rennen
Rest
retten
richtig
riechen
rief
Ring
Riss
Rock
roh
rollen
rosten
rot
Rücken
rücken
rückwärts
rudern
rufen
Ruhe
rühren
rund
rutschen

S
Saal – Säle
Saat
Sachen
Sack
Säge
sah
Salat
Salz
sammeln
Samstag
Satz
sauber
schädlich
Schaf
schaffen
Schale
schälen
Schatten
Schaukel
schenken
Schere
Schi
schicken
schieben
schief
schießen
Schiff
Schilling
schlafen
schlagen –
schlägt
schlecht
schleichen
schließen
schlimm
Schlitten
Schlosser

schlucken
Schlüssel
schmal
schmecken
schmücken
Schmutz
Schnabel
Schnee
schneiden
Schneider
schneien
schnell
Schokolade
schön
Schönheit
schreiben
schreien
Schuh
Schule
Schürze
Schüssel
schütteln
schütten
schützen
schwer
Schwester
schwierig
schwimmen
schwitzen
See
sehen – sieht
sehr
Seife
seit
Seite
selber
selten
Semmel

senden
September
Sessel
setzen
sich
sind
singen
sinken
sitzen
Ski (Schi)
sofort
Sohn
Sommer
Sonne
sonnig
Sonntag
sparen
Spaß
spät
Speise
Spiegel
spielen
Spitze
Sport
sprechen
springen
spritzen
spülen
spüren
Staat
Stab
Stadt
Stall
stark
stecken
stehlen
steigen
steil

stellen
sterben
Stern
still
stimmen
Stock
Stoff
stolz
stören
stoßen
Strafe
Strand
Straße
Strauß
streng
stricken
Stroh
Stück
Stunde
Sturm
stürmen
stürzen
stützen
suchen
süß

T

Tafel
Tag
täglich
Tanne
tanzen
tapfer
Tasche
Tasse
tauchen
Taxi
teilen

Telefon
Teller
Teppich
teuer
Text
Theater
tief
Tier
Tisch
Tischler
Tochter
Tomate
Topf
Tor
tragen – trägt
Traktor
Träne
trauen
Traum
treffen
treiben
trennen
treten – tritt
treu
trinken
trocken
tropfen
trotzdem
tun
turnen

U

über
überqueren
überzeugen
Uhr
um
umkehren

Unterricht
Urlaub

V
Vase
Vater
verbieten
Verdacht
vergessen
verhindern
Verkehr
verletzen
verlieren – verloren
versäumen
verschwinden
Vieh
viel
vielleicht
Vogel
Volk
voll
vom
von
vorwärts

W
Waage
wachsen
Wagen
wählen
wahr
während
Wald
walzen
Wand
wandern
Waren
Wärme
warten
waschen – wäscht
Wasser
wegen
weich
Weide
Weihnachten
weiß
weit
welche
Welt
wenden
wenn
wer
werden – wird
werfen
Wetter
wichtig
wieder
wiegen
Wiese
wild
Wind
windig
Winter
wird
wirklich
wirst
wissen – weiß
wohnen
Wohnung
Wolke
Wort
Wunde
wünschen
Würfel
Wurm
Wurst
Wut

Z
zäh
Zahl
zahlen
Zahn
Zange
Zehe
Zeichen
zeichnen
zeigen
Zeitung
Zelt
Zettel
ziehen
Ziel
Zucker
Zunge
zurück
zusammen
Zweck
zwischen

Aus Gerhard Bauer/Walter Rieder: Rechtschreibunterricht an der Schule der 10–15jährigen. Inn Verlag, Innsbruck 1991, 2. Aufl.

16.3 Die 120 häufigsten Fehlerwörter

1 dass
2 dem
3 einen
4 einem
5 denn
6 das
7 kam, kamen
8 den

9 ihm
10 Sie (Anrede)
11 zu + Infinitiv: zu essen usw.
12 zu Hause
13 dann
14 war, waren, wäre, wären
15 vielleicht
16 ein bisschen
17 nicht, nichts
18 fiel, fielen
19 mit + Verb: mitbringen usw.
20 meist, meistens, die meisten
21 ihn
21 lass, lasst, lässt
23 Angst
23 hast, hatte, hätte usw.
25 heran-, herein-, heraus + Verb: herauskommen usw.
25 seinem
27 auf einmal
28 meinem
28 Mal, Male
30 kriegen, kriegt, gekriegt usw.
30 nächste, nächsten
30 wollte, wollten
33 muss, musste, mussten
34 widersprechen, erwidern
35 zurück + Verb: zurückgeben usw.
35 abends
37 ver- (als Vorsilbe)
37 ent- (als Vorsilbe)
39 kaputt
39 herein, heran, heraus
41 Morgen
41 irgendwo, irgendwie, irgend was
43 selbständig, selbstständig
44 Ihr, Ihre (Anrede)
45 ließ, ließen
45 viel, viele
45 wusste, wussten, wüssten usw.
48 las, lasen
48 weiß, weißt
48 interessant, interessieren, Interesse
51 ganz
51 erschrak, erschraken
51 gucken, guckte usw.
51 können, konnte, könnte
51 kommt, kommst, gekommen
56 im
56 wieder
56 außen, außer, außerdem
59 essen
59 passieren, passiert
59 müssen
62 plötzlich
62 größter, größte
64 nahm, nahmen
64 spazieren, spaziert
66 Große, die Großen
66 sie
66 wenn
66 und
70 da
71 Tag, Tages
71 Abend
71 Zeit
71 man
71 spielst, spielt
76 Spaß
76 morgen
76 ziemlich
76 alle, alles

76 endlich
76 ihrem
76 kann, kannst
83 sagt, sagte
83 Essen
83 meinen
83 seinen
83 bekam, bekamen
83 das Böse, der Böse, Böses
90 soll, sollst
90 die beiden
90 Idee
90 Ende
90 draußen
90 Fahrrad, Fahrräder
90 dunkel + Adjektiv: dunkelblau
90 ging
90 Weihnachten
90 liest
90 rannte, rannten
90 keinen
90 stellen, stellte, gestellt
90 diesem
90 einmal
90 erzählen, erzählt, erzählte
106 Gute, Gutes
106 Weile
106 Leben
106 hinaus-, hinauf-, hinein- + Verg: hinaufgehen
106 sah, sahen
106 Schluss
112 ich
112 Lehrer, Lehrerin
112 wir
112 wird
116 siehst, sieht
117 hier
118 nimmst, nimmt
119 zu Ende
120 hinterher

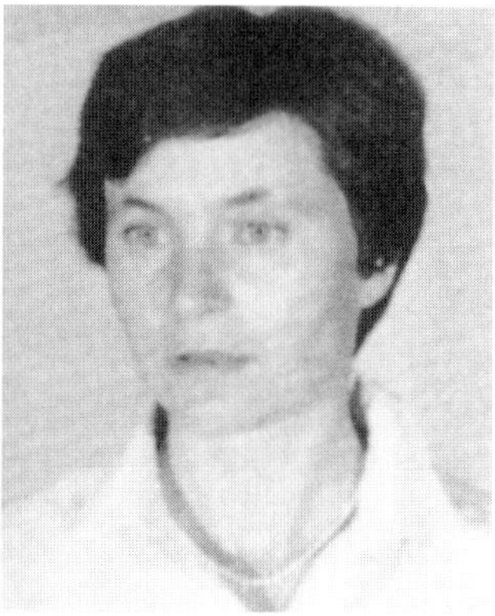

Prof. Mag. Jutta Kleedorfer
Gymnasialprofessorin, Lehrbeauftragte für Fachdidaktik Deutsch an der Pädagogischen Akademie der ED Wien, Lehrerfortbildnerin an Pädagogischen Instituten, wissenschaftliche Mitarbeiterin am Internationalen Institut für Jugendliteratur und Leseforschung, Mitglied der Jugendschriftenkommission im Bundeskanzleramt/Kunstsektion, Publizistin.

Manfred Pfaffenberger
Geboren 1942 in Wien, Lehramt für Volks- und Hauptschulen, war 25 Jahre Pflichtschullehrer (davon 16 Jahre an Übungsschulen), seit 1970 an der Pädagogischen Akademie in Wien/Strebersdorf und seit 10 Jahren ausschließlich als Professor für die Grundschuldidaktik Deutsch und als Betreuer der Studierenden in der Schulpraxis tätig.
Mitarbeit an Schulversuchen und didaktischen Konzepten, Vortragstätigkeit an Pädagogischen Instituten, einschlägige Publikationen in Fachzeitschriften und Rezensionen.

Dr. Brigitte Trinkl

geb. 1947, studierte Psychologie und Pädagogik mit dem Interessenschwerpunkt Kinderpsychologie. Zusatzqualifikationen in Suggestopädie – Superlearning, Motopädagogik, NLP – Rechtschreibstrategie und Lerntraining. Zahlreiche Vorträge, Workshops und Seminare im In- und Ausland. Mitarbeit bei verschiedenen Kinder- und Elternzeitschriften sowie Fachzeitschriften.

Von 1979 bis 1994 Konsulentin und Autorin beim ORF FS-Kinderprogramm „am dam des“. Seit 1996 ist sie in der eigenen Psychologischen Praxis mit dem Schwerpunkt Lese/Rechtschreibprobleme, Lernschwierigkeiten und Lerntraining tägig.

Veröffentlichte bei hpt-breitschopf die Kinderbuch-Reihe „Spielend wissen – Komm und schau“ und die Reihe „Wer früh beginnt – Haustiere, Heimische Nutztiere“. Weiters Mitarbeit an dem Buch „am dam des“ und dramaturgische Umsetzung für CD-Aufnahmen von Lese-Rechtschreibprogrammen.